함께 재건: 말씀, 고난에 답하다

말씀, 고난에 답하다

오정현 지음

함께
재건

再
建

Restoring Together

국제제자훈련원

고난의 시간에 주신
가슴 벅찬 선물

인생길에서 벼락처럼 갑작스럽게 만나는 것들이 있다. 때로는 예기치 않았던 일이 삶의 방향까지 바꾸는 변곡점이 되기도 한다. 어느 날 우리를 찾아온 코로나19 사태가 그렇다. 개인은 물론이요 교회와 사회에 엄청난 자국을 남겼고 커다란 변화를 일으켰다. 그러나 역사의 커튼을 걷어보면 모든 것이 하나님의 섭리 안에 있음을 깨닫게 된다.

한편으로 코로나19 사태는 신앙의 본질을 다시 생각하는 결정적 시간이 되었다. 우리는 주일 예배를 온라인으로 드리는, 한국교회사에서 전무했던 일을 경험했다. 6.25 전쟁의 포화 속에서도 주일이면 함께 모여 예배를 드렸을 만큼, 무슨 일이 있어도 공동체가 한자리에 모여 예배를 드리는 것이 한국교회의 거룩한 전통이

자 성도들의 간절한 소망이었다. 그런데 코로나19가 뿌리 깊은 전통과 신앙까지 위협하고 있는 것이다. 하지만 주님의 몸 된 교회가 이웃의 생명을 보호하고 지키며 민족과 사회의 안전을 위해 헌신하는 것도 마땅한 의무이기에, 우리는 온라인으로 예배를 드리면서 어느 때보다도 하나님의 인도하심을 구하며 은혜의 자리에서 멀어지지 않으려고 혼신의 노력을 다했다.

매 주일 공예배의 회복을 기도하며 나누었던 설교가 겨울의 긴 자락을 지나 늦봄까지 이어졌다. 성도들의 온기 없는 빈자리를 바라보며 말씀을 전하는 것은 설교자로서 고통스러운 일이었지만, 동시에 더욱 성령님만 의지하는 경이로운 시간이었다. 또한 온라인으로 예배를 드리는 성도들이 주일 공예배의 현장감과 예배의 감격을 누리도록 사력을 다했던 시간이기도 했다.

강단에서 우리와 이웃과 사회의 고통에 말씀으로 답하는 시간은 성령님의 임재를 느끼며 눈에 보이지 않는 성도들과 영적인 유무상통의 은혜를 나누는 거룩한 경험이었다. 온라인 생중계로 예배를 드리면서 하나님은 시간과 장소와 인간의 한계를 초월하시는 분임을 다시금 깨달았다. 많은 성도가 교회 홈페이지의 게시판을 통해서 예배의 감격과 은혜를 나누었다.

평소보다 더욱더 마음을 정결하게 하고자 예배당에 갈 때처럼 샤워를 하고 새 옷을 입고 모니터 앞에 앉았습니다. 오늘의 예배를 통해 우리 가정에 찬양과 말씀이 울려 퍼짐을 축복으로 여깁니다.

"모니터를 관통한 주의 임재"라는 제목의 이 글은 온라인으로 예배를 드리는 성도들의 마음을 대신해준다.

뜻밖의 계기로 시작되었지만, "말씀으로 고난에 답하는" 시리즈 설교를 통해서 하나님은 설교자와 모든 성도에게 자비를 베풀어주셨다. 참으로 절박한 상황 속에서 말씀을 준비하며 어린아이의 마음으로 하나님 아버지께 나아가 도우심을 구하는 시간이었다.

하나님은 사랑하는 자녀 한 사람 한 사람의 이름을 부르시면서 고난을 받는 우리와 함께하신다. 우리는 지난 석 달 동안 부어주신 말씀을 통해 고난에 답하시는 하나님을 넘어, 우리와 고난을 함께 당하시는 하나님을 경험했다. 이것이 저자로서 이 책을 읽는 모든 이들에게 나누고 싶은 간절한 마음이다. 고난을 당할 때 우리와 함께하시는 하나님을 가슴에 품고 살 수 있다면, 비록 겉모습이 초라할지라도 하나님 앞에서는 참으로 복된 인생이다. 그의 걸음걸음이 형통할 것이다.

이 책은 하나님께서 우리의 고난을 어떻게 위로하시고, 우리를 어떻게 회복시키시며 새롭게 하셨는지를 생생하게 보여주는 목회자의 간증이요 성도들의 노래다. 그래서 고난의 골짜기를 지나는 모든 이들의 가슴을 뜨거운 눈물로 적신 찬양을 책 곳곳에 넣었다. QR코드를 이용하면 다시금 찬양의 감격을 누릴 수 있다. "주 사랑

한없고 주 은혜 끝없네 주 권능을 사람이 어찌 알까." 작은 목소리로 읊조려도 하나님 사랑이 가슴 깊이 몰려와 눈시울이 뜨거워질 것이다.

다시 한번 우리의 고난에 말씀으로 답하는 이 책을 통해 고단한 인생이 위로를 받고 자신뿐 아니라 곁에 있는 사람들을 일으키는 "함께 재건"의 은혜를 누리길 바란다.

녹록하지 않은 환경에서도 이 책을 펴내는 일에 수고를 다한 모든 분에게 감사드린다. 무엇보다 살아 계신 주님의 몸 된 교회의 지체로서 안전한 현장 예배를 위해 수고한 동역자들, 몸과 마음으로 전력을 다한 1,200여 명의 중직자들, 7천여 명의 순장, 청년 대학부 리더, 주일학교 교사 그리고 매주 온라인 생중계 예배를 현장 예배와 다름없는 기쁨과 감격으로 드린 사랑의교회 모든 성도에게 사랑 깊은 감사를 드린다.

오정현
사랑의교회 담임목사

차례

제1장

권능

'인생 가시'가
'인생 은혜'로

7 여러 계시를 받은 것이 지극히 크므로 너무 자만하지 않게 하시려고 내 육체에 가시 곧 사탄의 사자를 주셨으니 이는 나를 쳐서 너무 자만하지 않게 하려 하심이라 8 이것이 내게서 떠나가게 하기 위하여 내가 세 번 주께 간구하였더니 9 나에게 이르시기를 내 은혜가 네게 족하도다 이는 내 능력이 약한 데서 온전하여짐이라 하신지라 그러므로 도리어 크게 기뻐함으로 나의 여러 약한 것들에 대하여 자랑하리니 이는 그리스도의 능력이 내게 머물게 하려 함이라 10 그러므로 내가 그리스도를 위하여 약한 것들과 능욕과 궁핍과 박해와 곤고를 기뻐하노니 이는 내가 약한 그때에 강함이라(고후 12:7-10).

메시지의
핵심을 담은
3분 영상

함께 재건: 말씀, 고난에 답하다

지금까지의 목회 여정을 돌아보면 사람이 도저히 어찌할 수 없는 일들을 여러 차례 겪었다. 선명하게 기억나는 두 사건이 있다. LA 지역에서 목회할 때 '노스리지 지진'이 발생했다. 강도 6.7의 강진이 이 지역을 강타한 것이다. 도저히 예배를 드릴 만한 상황이 아니었다. 2017년에 우리나라를 떠들썩하게 만들었던 포항 지진의 강도가 5.4였으니, 강도 6.7이 얼마나 대단한지 짐작할 수 있을 것이다. 강단 밑에 있던 피아노가 강력한 진동 때문에 강단 위로 불쑥 올라올 정도였다. 그 지경이니 앞뒤 잴 것 없이 성도들의 안위부터 돌보기에 바빴다.

　1992년 4월 29일은 LA 폭동이 일어난 날이다. 당시 개척해 목회하던 교회가 폭동 지역에서 그리 멀지 않은 곳에 있었다. 흥분한 폭도들이 한인 교회에도 들이닥칠 것이라는 흉흉한 소문이 돌기 시작했다. 전쟁터와 같은 폭동 현장의 불길이 우리 교회까지 넘보던 일촉즉발의 순간이었다. 당장 동원할 수 있는 차량부터 수소문했다. 대형버스 몇 대와 마이크로버스, 밴 몇 대를 조달받아 교회 입구에 줄지어 주차하여 차량 바리케이드부터 쳤다. 그리고 베트남전에 참전했던 성도님들은 다 교회로 오시라고 연락을 돌렸다. 모두가 비장한 각오로 총을 들고 교회를 지켰다. ROTC 출신으로 작전 지휘를 해본 부목사님들이 중심이 되어 방어 계획을 세웠을 만큼 긴박한 날들이었다.

낯선 길을 보여주신다면

이제는 그에 버금가는, 아니 더 힘들지도 모르는 큰 시련 앞에 서 있다. 모든 예배를 온라인으로 드리기 직전인 2월 마지막 주일, 여느 때처럼 말씀을 전하고자 강단에 섰다. 점점 높아가는 위기감을 반영하듯, 성도들 상당수가 마스크를 착용하고 있었다. 성도들의 긴장을 풀어주고자 "마스크를 쓰니 미모의 평준화가 이루어졌습니다"라고 말문을 텄지만, 사실은 마음이 아파왔다. 인터넷 동시접속으로 여러 곳에서 함께 예배하는 성도들의 모습도 새삼 떠올랐다. 비록 물리적인 거리는 떨어져 있으나 한 분 하나님을 예배하기 위해 마음을 모은 이들이 새삼 소중하게 느껴졌다. 예수님의 보혈이 우리 성도들 한 분 한 분을 눈동자와 같이 지켜주시며 머리끝부터 발끝까지 보호해주시기를 기도하는 마음으로 말씀을 전했다.

'코로나 바이러스 감염증-19'의 확산으로 모여서 예배를 드리는 것마저도 자제해야 하는 초유의 사태를 맞이하면서 깊은 고민에 빠졌다. 또한 목회자로서 책임을 절감하기 시작했다. 국가 단위를 넘어 전 세계적 재난으로 확산하기 시작한 코로나19 사태를 보면서 교회와 성도들이 어떤 마음가짐을 가져야 하는지, 무엇을 해야 할지를 기도하며 고민하게 되었다. 그러다가 믿음의 선배들인 초대교회 성도들이 환난과 핍박 가운데 어떤 모습을 보여주었는지 떠올려보았다.

초대교회는 전염병이 돌았을 때 더욱 봉사의 자리로 나아갔다. 희생당한 시신들을 정성껏 매장하고 어려운 이들을 돌보았다. 그리스도인들이 박해를 받던 시절, 로마제국에 대역병이 창궐했을 때 알렉산드리아의 대주교였던 디오니시우스(A.D. 200-265)는 이렇게 설교했다.

우리 형제 그리스도인 대부분은 무한한 사랑과 충성심을 보여주었으며 한시라도 몸을 사리지 않고 상대방을 배려하는 데 온 힘을 쏟았습니다. 그들은 위험을 무릅쓰고 아픈 자를 보살폈고, 그들의 모든 필요를 채워주었고 주님 안에서 그들을 섬겼습니다. 그리고 병자들과 함께 평안과 기쁨 속에 생을 마감했습니다. 그들은 환자로부터 병이 감염되자 그 아픔을 받아들이고 고통을 감내했습니다. 많은 이들이 다른 이들을 간호하고 치유하다가 사망을 자신에게로 옮겨와 대신 죽음을 맞았습니다.[1]

바로 이런 상황에서 생겨난 단어가 '파라볼라노이', 곧 '위험을 무릅쓰는 자들'이었다.[2] 성찬식 때 모여 인육을 먹는다는 둥 온갖 오해와 비방을 받았지만, 결국 위기 앞에서 '그리스도인다운' 모습대로 살아간 결과, 오해를 걷어내고 로마제국 전체에 거대한 영향력을 끼치게 된 것이다.

'만만한' 고난이란 없다

그는 상류층 가문에서 태어난 소위 '금수저' 출신이었다. 4개 국어에 능통했고 당대 유명한 석학의 문하에 들어가 폭넓은 학식을 쌓았다. 종교적인 열심뿐만 아니라 정치적인 영향력도 이용할 줄 아는 사람이었다. 미래가 보장된 그에게 거칠 것은 없었다. 그는 예수 믿는 자들을 체포하여 사형을 언도하는 일에 누구보다 혁혁한

---

1 이상규, "초기 기독교는 전염병에 어떻게 대처했을까?", 한국기독신문, 2020년 3월 27일, www. kcnp.com/n_news/news/view.html?no=5548.

2 상동

함께 재건: 말씀, 고난에 답하다

공을 세웠다.

　그렇게 승승장구하던 어느 날, 일이 터지고 말았다. 그날도 예수를 따르는 불량한 무리를 잡아들이고자 다메섹을 향해 기세등등하게 가던 길이었다. 갑자기 엄청난 빛이 그를 둘러싸는 바람에 그만 눈이 멀고 말았다. 땅에 엎드러진 그의 귀에 음성이 들렸다. "어찌하여 나를 핍박하느냐?" 그 순간, 송두리째 인생이 바뀌었다. 식음을 전폐하고 어두운 방에서 눈물과 함께 뒹굴었다. 하지만 인생을 모조리 빼앗긴 것과 다름없는데도 전혀 슬프지 않았다. 환희로 가득한 찬송의 눈물이 흘러내렸다. 혼절할 정도로 강력한 성령의 임재를 경험한 후 그의 인생은 완전히 새롭게 재편된다.

　그렇다. '사울'이라는 비늘을 벗고 다시 태어난 사람, 바울의 이야기다. '이방인을 위한 사도'라는 영광스러운 별명답게 기독교의 세계화를 앞당긴 최초이자 최고의 선교사. 다수의 신약성경 본문이 된 절절한 편지를 남긴 위대한 문장가. 온갖 철학과 사상에 능통하여 어떤 토론에도 밀리지 않던 웅변가. 그럼에도 동역자들에게 폐를 끼치지 않기 위해 손수 장막 짓는 기술을 배워 평생 자비량을 실천했던 사람.

　이토록 위대한 사도에게도 아픔이 있었다. 능력에 걸맞게 모든 일이 순탄한 것만 같았던 바울은 고린도후서 12장 7절에서 이렇게 고백한다. "내 육체에 가시 곧 사탄의 사자를 주셨으니." 육체의 가시는 바울이 원한 것이 아니었다. 하지만 그에게 주어졌다.

역사에 이름을 남긴 인물들은 대부분 치열한 삶을 살았다. 바울도 마찬가지였다. 학자들은 바울이 언급한 '가시'를 크게 두 가지로 추측한다.

첫 번째는 복음 사역을 방해했던 박해다. 고린도후서 11장 23절부터 기록된 것처럼 사선을 넘나들 만큼 고통스러운 핍박이었다. 두 번째는 온몸으로 감내해야 했던 육체의 고통이다. 대표적으로 극심한 안질이 바울을 괴롭혔다. '저들이 자기의 눈이라도 빼서 내게 주기를 원했다'라고 말할 정도로 눈이 좋지 않았다(갈 4:15). 또한 당뇨와 간질 증세도 그를 평생 괴롭혔다고 한다. 심각한 박해와 육체적인 어려움으로 그는 항상 고통 속에서 살아야 했다. 결코 만만한 상황이 아니었다.

"이것이 내게서 떠나가게 하기 위하여 내가 세 번 주께 간구하였더니"(고후 12:8). 문자적으로 딱 세 번 기도했다는 의미는 아닐 것이다. 매우 간절하게, 반복적으로 엎드려 기도했다는 의미에 더 가깝다. 예수님도 십자가에 못 박히시기 전날 밤 겟세마네 동산에서 그렇게 기도하셨다. "예수께서 힘쓰고 애써 더욱 간절히 기도하시니 땀이 땅에 떨어지는 핏방울같이 되더라"(눅 22:44). 기도의 강도가 얼마나 세면 모세혈관이 터져 땀방울에 피가 스며들었을까? 바울 역시 그만큼 간절히 기도했을 것이다.

가시에 찔려봐야 은혜를 안다

하나님은 왜 바울에게 가시를 허락하셨을까? 이 질문을 우리가 맞닥뜨린 상황에 적용해보자. 왜 우리에게는 코로나19 사태같이 갑작스런 어려움이 찾아올까? 모든 것이 우리를 더 온전한 인격으로 만드시고, 주님의 심정을 더 깊이 깨닫게 하시려는 하나님의 섭리임을 알아야 한다.

신앙 인격은 쉽게 다듬어지지 않는다. 상당한 어려움과 고통을 만나 그 과정을 온전히 통과할 때만이 갈고닦여 정금과 같이 빛나기 시작한다. 가시나 어려운 환경은 인격을 온전하게 하시는 하나님의 도구다. '고난에도 불구하고'가 아니라 '고난 덕분에' 쓰임받는 것이다. 내게 있던 영적 불순물이 하나둘씩 빠져나가기 시작하면서 신앙의 순도가 높아지는 만큼 내 안은 하나님의 능력으로 채워지기 시작한다.

또 다른 이유가 있다. "여러 계시를 받은 것이 지극히 크므로 너무 자만하지 않게 하시려고 내 육체에 가시 곧 사탄의 사자를 주셨으니 이는 나를 쳐서 너무 자만하지 않게 하려 하심이라"(7절). 육체의 가시, 그 어려움과 고통이 왜 주어졌을까 끝없이 고민하고 기도했던 사람만이 내놓을 수 있는 귀하고 귀한 고백이 아닐까? 바울은 자신이 자만하기 쉬운 성향임을 파악했다. 강한 자아와 지나친 자존감을 제어하고자 주님이 육체에 가시를 두셨음을 분명하게 깨달았다.

바울은 인간이 도달할 수 있는 영적 극치까지 체험한 인물이다. 영적으로 황홀한 수준인 삼층천에 올라갔었다. 게다가 영적인 능력과 권세도 있었다. 성경은 그가 사용하던 손수건과 앞치마만 던져도 사람들의 질병이 치유되었다고 말씀한다. "심지어 사람들이 바울의 몸에서 손수건이나 앞치마를 가져다가 병든 사람에게 얹으면 그 병이 떠나고 악귀도 나가더라"(행 19:12).

또한 바울은 철두철미한 완벽주의자였다. 성정이 급하고 강했다. 전도팀에서 마가가 상의도 없이 이탈한 일이 있었다. 바나바는 젊디젊은 마가를 감싸주어야 한다고 바울을 설득했다. 그런 바나바와 갈등하며 의견 대립이 생겼다. 결국 영적으로 대선배이자 자신의 보증인이 되어주었던 바나바와 대판 다툰 뒤 갈라서고 말았다. 뒤도 돌아보지 않고 자기 길을 떠났다. 베드로에게는 또 어떻게 했던가? 복음이 가르치는 대로 하지 않고 이방인들의 시선을 의식했다는 이유로 수석 사도이자 예루살렘교회 최고 지도자였던 베드로를 면전에서 공박했다. 그는 베드로마저 신랄하게 책망할 정도로 강골 중 강골이었다.

이처럼 자아가 강한 사람은 쉽게 교만해진다. 자기 의에 빠져 판단하고 정죄하기 시작하면 걷잡을 수 없다. 그러나 하나님은 바울을 그냥 내버려두지 않으셨다. 그의 성정을 잘 아시는 주님은 그에게 한량없는 은혜를 베풀어주셨다. 자칫 하나님을 대적하고 자기

주장을 내세울 수 있는 바울에게 그릇에 맞는 은혜를 허락하신 것이다. 결국 바울은 가시와 고난을 겪으며 "내가 죄인 중의 괴수"라고 고백했다. 그는 원래 이런 고백을 내놓을 사람이 아니었다. 그러나 하나님의 은혜를 깊숙이 체험한 바울은 환난을 겪으며 온유해지고 인격이 성숙해졌다. 점점 주님을 닮아가고 그리스도의 심장을 갖게 되었다.

이 말씀을 나누다 보면 "목사님, 저는 그런 하나님이 너무 부담됩니다"라며 힘겨워하는 분들을 만난다. 또 어떤 분은 "주여, 저 사람이 겸손해지려면 가시가 필요합니다. 그에게 가시를 주옵소서"라고 기도하기도 한다. 마치 다른 사람을 겸손하게 하는 사명이라도 받은 것처럼 행동한다. 칭찬에 인색하고, 격려 한 번 하지 않는다. 상대방이 교만해질까 봐 그런다고 한다. 하지만 겸손은 우리가 판단할 영역이 아니다. 오직 하나님 앞에서 각자가 개인적으로 평가받아야 한다.

우리에게 가시가 있다면 그것을 통하여 자기 인격이 온전해지는 과정에 서 있다고 자각해야 한다. 도리어 바울과 같이 주님의 인격을 더욱 닮아가게 해주셔서 감사하다는 고백을 올려드려야 할 것이다. 왜 나에게 이런 가시가 주어졌을까 고민하는 데서부터 은혜를 은혜로 인정하는 것이 가능해지기 때문이다.

가시와 능력의 컬래버레이션

그렇다면 바울에게, 또 우리에게 가시를 주시는 진정한 이유가 무엇일까? "나에게 이르시기를 내 은혜가 네게 족하도다 이는 내 능력이 약한 데서 온전하여짐이라 하신지라 … 이는 그리스도의 능력이 내게 머물게 하려 함이라"(9절).

가시 같은 환경으로 말미암아 내 안에 그리스도의 능력이 머무는 것이다. 고통스러운 환경이 능력의 채널로 쓰임받는다는 말이다. 가시와 능력은 같이 온다. 즉, 가시와 같은 어려움이 없다면 능력을 받을 길도 열리지 않는다. 바울에게 권능을 부여하시기 전에 하나님은 가시를 허락하셨다.

어려운 환경이 곧 능력을 체험할 수 있는 기회다. 내가 약하지 않다면, 내게 가시 같은 것도 없고 늘 잘되기만 한다면 더 이상 뭐가 아쉽겠는가? 세상에서 잘나가고 모든 것이 평탄한데 무엇 때문에 엉금엉금 기면서 기도하겠는가? 무엇을 하든 형통하고 여유로우면 하나님을 간절히 찾지 않는다. 아무런 어려움이 없고, 언제나 평안하며 모든 일이 잘되는데 자발적으로 하나님께 매달리는 사람이 얼마나 될까?

어려운 환경에 빠져 연약함을 인식하고 그리스도 예수 앞에 엎드려 울며 기도할 때, 더없이 가난한 심령으로 하나님의 도우심을 간구할 때 비로소 능력이 임한다. 달리 방법이 없기에 주님 손을 붙드는 것이다. 약하니까 기도하는 것이다. 나의 약함은 능력을 가져오는 채널이 된다.

육체적인 약점이나 환경의 어려움이 우리를 힘겹게 하고 약하게 만든다고 생각한다. 그런데 본문은 전혀 새로운 시각으로 우리가 만난 어려움을 보게 한다. 가시에 찔려 약해지고 어려움이 닥칠 때 오히려 그 환경은 하나님의 권능을 체험하는 열린 문이 된다. 내가 온전하게 갖추어지는 계기가 되는 것이다. 이것이 신구약 전체에 걸쳐 흐르는 하나의 중요한 흐름이다.

"그가 찔림은 우리의 허물 때문이요 그가 상함은 우리의 죄악 때문이라 그가 징계를 받으므로 우리는 평화를 누리고 그가 채찍에 맞으므로 우리는 나음을 받았도다"(사 53:5). 예수님이 가시에 찔려 상함을 입으셨기에 우리에게 치유의 길이 열렸다. 예수님이 겪으신 고통은 우리를 치유하는 능력이 된다. 이것이 복음이다. 예수 그리스도의 가시 면류관은 우리에게 구원의 면류관이 되었다. 이것이 복음의 핵심이다.

한나는 남편 엘가나에게 사랑을 흠뻑 받는 여인이었다. 그러나 안타깝게도 아이를 낳지 못했다. 고대사회에서 여인이 아이를 낳지 못하는 것은 '큰 가시'였다. 말로 다 할 수 없을 만큼 어려운 환경이며 심적인 고통을 주는 일이었다. 결국 남편 엘가나는 브닌나라는 젊은 여자를 후처로 맞이한다. 그런데 이 브닌나는 아이를 단번에 출산하는 게 아닌가? 그러더니 남편의 사랑을 받는 한나를 핍박하고 그녀에게 모멸감을 주기 시작한다. 가시도 이런 가시가 없었다. 한나의 마음에는 매일 피멍이 들었다. 눈물로 밤을 지새우기가 다반사였다.

반면 브닌나는 기도할 필요가 없었다. 울며 하나님께 매달릴 이유가 없었다. 무럭무럭 잘 자라는 아이들을 거느린 덕에 날마다 더 기세등등해졌다. 열 아들보다 내가 더 낫지 않느냐는 남편의 간곡한 위로도 한나에게 전혀 도움이 되지 않았다. 한나는 브닌나의 등쌀에 시달리다가 하나님의 전으로 달려갔다. 성막에 엎드려 간곡히 기도했다. 그녀가 처한 가시 같은 환경이 능력 있는 기도를 드리게 하는 채널을 열었다. 온 힘을 다해 생명을 걸고 "하나님, 한 번만 나를 생각해주소서" 하며 절박한 기도를 올렸다.

마침내 한나는 아들을 얻는다. 하나님께 부르짖은 간절한 기도 끝에 영적 능력이 빼어난 아들 사무엘을 낳은 것이다. 가시 같은 환경에서 사무엘이 나왔다. 게다가 한나는 사무엘을 낳은 후에도 아들 셋과 딸 둘을 더 얻어 풍성한 복을 누렸다. 만약 한나가 그런 환경에 처하지 않았다면 네 아들과 두 딸을 거느린 기도의 어머니로 성경에 이름을 남길 수 없었을 것이다.

코로나19 사태로 경제를 비롯해 모든 상황이 악화되고 있지만, 한편으로는 이 일을 놓고 우리가 간절히 기도할 때 하나님께서 어떻게 일하실지 기대된다. 코로나 바이러스 감염증 위기 경보가 '심각' 단계로 격상된 이후, 우리는 월요일부터 토요일까지 매일 정오에 "SaRang On 정오기도회"를 열고 있다. 무릎 꿇어 교회 마룻바닥을 눈물로 적셨던 믿음의 선진들처럼, 함께 말씀을 나누며 나라와 민족의 치유 그리고 회복을 위해 간절한 마음으로 기도한다. 이처럼 위기 가운데 우리는 더욱 기도하게 되었다. 매일 정오가 기다려진다. SaRang On 정오기도회가 기도의 물꼬를 터서 한국교회를 새롭게 하는 계기가 되길 기도한다.

나아가 대한민국도 새로워질 것이라 믿는다. 전보다 손도 자주 씻고 건강과 위생에 대한 경각심이 더욱 높아졌다. 사회적으로도 위기 앞에서 어떻게 연대해야 하는지 고민하며 실천하고 있다. 개인적으로는 위생수칙도 더 잘 지키고, 국가적으로는 세계적인 청정국가로 인정받게 될 것이다.

별다른 감흥 없이 누렸던 일상의 소중함을 새삼 깨달았다는 성도들의 고백에 나는 전적으로 동의한다. 우리의 호흡과 생명은 당연한 것이 아니다. 눈에 보이지는 않지만 하나님의 손길이 한 순간도 쉬지 않고 우리를 붙들고 계심을 새삼 느낀다.

결과적으로 가시가 우리에게는 하나님의 능력을 경험하는 기회가 된다. 연한 살 속을 파고든 모래 알갱이가 너무나 아파 진주조개는 온 힘을 다해 모래알을 감싸 안는다. 체액의 정수를 끌어올려 아픔을 이겨내기 위해 몸부림을 친다. 아름답게 빛나는 진주는 결국 아픔의 결과물이다.

연이어 찔린 가시로 약해지고 환경적으로 어려워 정말 시원찮을 때는 어떤 순간인가? 그때가 주님의 능력이 임하는 순간이다. 투덜거리거나 불평하거나 상처받거나 슬퍼할 수 있지만, 오히려 그런 때일수록 절박하게 기도하고 매달리며 주님을 신뢰해야 한다. 내가 처한 어려움과 고난이 주님의 은혜와 접목되면 하나님의 그랜드 디자인이 드러나기 시작한다. 하나님의 능력을 체험하는 순간이 찾아온다.

내 인생의 그랜드 디자인

우리를 향한 하나님의 그랜드 디자인은 가시와 어려운 환경을 통하여 영적 전쟁에서 승리를 거두게 하시는 것이다. 이 디자인의 기획 의도는 마귀와의 전쟁에서 넉넉하게 이길 만한 영적 권능을 얻게 하는 데 있다.

마귀는 언제 도망가는가? 언제 패배하는가? 우리가 거침없이 잘나갈 때인가? 우리가 평안하고 승승장구할 때인가? 그렇지 않다. 오히려 그 반대다. 잘나가고 평안하고 승승장구할 때 우리는 도리어 마귀에게 미혹될 가능성이 크다. 실패를 잘 관리하는 사람이 100명이라면 성공을 잘 관리하는 사람은 1명밖에 없다 할 정도로 쉬운 일이 아니다.

가시 같은 어려운 환경을 만났거나 감당할 수 없는 내적, 외적 공격을 당했다는 생각이 들 때가 있다. 처절할 정도로 힘이 없고 연약하며 무엇을 해야 할지 도통 모르겠어서 한숨이 나오는 순간이 있다. 가령, 자식들이 부모 가슴에 못을 박을 때, 무엇을 어떻게 해야 할지 도저히 알 수 없어 당혹하고 무력감을 느낄 때, 지금의 코로나19 사태처럼 사방으로 욱여쌈을 당하여 하루를 버틸 힘을 달라고 그저 기도할 수밖에 없을 때가 있다. 내 상황이 바보 같고 피투성이같이 느껴지는 순간, 어떤 태도를 취해야 할까? 이에 따라 우리는 나락에 빠져들 수도 있고, 마귀의 궤계를 무너뜨릴 수도 있다. 이런 순간에 주님께 더욱 간절히 구한다면 승리할 수 있다. 마귀가 완전히 물러나게 할 수 있다. 오직 예수님만 의지하는 훈련이 그래서 필요하다. 안타깝지만 내 삶의 고통, 가시 같은 환경이 나를 예수님 앞으로 인도한다.

영적 전쟁에서 승리하게 하는 이 능력은 역설적으로 가시를 가졌을 때, 어려운 환경에 처했을 때 다져지고 커진다. 일생 동안 한 번도 실패하지 않고 모든 일에 승승장구하며 아무런 어려움 없이 평탄한 길을 걸어왔다면 그 자체로는 나쁠 게 없다. 대신 하나님의 능력이 강권적으로 임할 기회를 놓치게 된다. 하나님의 강력한 능력을 체험하지 못한다는 의미다.

물론 책이나 간접 경험, 사람들의 간증을 통해서도 깨닫는 바가 있다. 그러나 가시와 어려운 환경을 직접 헤쳐가며 거기서 오는 하나님의 능력을 제대로 체험하는 기회와는 차원이 다르다. 즉, 우리

심령을 풍성하게 해주는 '고난 자본'은 이러한 가시를 통해서만 생기기 때문이다. 따라서 주위의 잘나가는 사람을 부러워하거나 질투할 필요가 없다. 우리는 바울의 경험을 통해 깨달아야 한다. 고통스럽고 어려운 환경이라 할지라도 하나님이 내게 주시는 능력을 체험할 기회가 된다고 받아들이자. 그럴 때 우리는 고통도 감사로 올려드리게 된다.

변두리 인생에서 반전의 주인공으로

"나의 여러 약한 것들에 대하여 자랑하리니 이는 그리스도의 능력이 내게 머물게 하려 함이라"(9절). 약한 것, 가시 같은 환경 때문에 오히려 그리스도의 능력이 내게 머물 수 있다. 할렐루야! 9절의 "능력이 내게 머문다"와 요한복음 1장 14절, "말씀이 육신이 되어 우리 가운데 거하신다"(요 1:14)는 헬라어 어원이 동일하다. 내게 약한 부분이 있을 때 그 부분을 통하여 예수님의 능력이 거하신다는 뜻이다. 이 사실을 깨닫고 난 후, 바울은 그토록 사라지게 해달라고 간구했던 가시조차도 오히려 주님 앞에서 감사로 받으며 주님의 능력이 거하시는 통로가 될 것을 믿었다. 이러한 믿음의 고백 위에서 바울은 당당하게 인생의 가시를 감당할 수 있었다.

하나님의 능력은 슈퍼히어로 영화의 주인공에게 주어지는 힘을 의미하지 않는다. 헐크처럼 괴력을 자랑하거나 슈퍼맨, 아이언맨처럼 하늘을 날아다니는 능력이 아니다. 예수님처럼 십자가를 짊어지고 나아가게 하는 능력이다. 고난을 더 잘 감당하게 하는 능력이요, 십자가의 참된 의미를 더 잘 깨닫는 능력이다. 어려움과 수치, 무거운 짐도 더 잘 지고 나아가게 하는 능력이다. 적극적으로는 복음을 더 잘 선포하게 하는 능력이기도 하다.

이런 능력은 바이러스의 대유행 속에서도 담대할 수 있게 해준다. 이 능력으로 평범하다 못해 초라해보였던 열두 명의 범부(凡夫)는 특별한 무기도 들지 않았고 세상의 후원이나 명성도 없었지만 대제국 로마의 심장에 예수 그리스도의 십자가를 세울 수 있었던 것이다.

우리가 가진 독특한 자산

마지막으로 국가적 차원에서 가시가 능력이 됨을 묵상해보자. 우리 민족에게는 어떤 가시가 있을까? 우선 북핵 문제가 있다. 극단적인 벼랑 끝 전술을 구사하는 북한 때문에 한반도는 바람 잘 날 없다. 최근에도 장거리 방사포로 여겨지는 신형무기의 발사 훈련이 여러 번 이어졌다. 우리 모두 나라와 민족의 미래를 위해 기도해야 한다. 북의 동포들이 마음껏 예수님을 찬양하고 예배하는 날이 속히 오도록, 복음적인 평화통일이 이루어지도록 기도의 끈을 놓치지 말아야 한다.

또한 우리나라의 지정학적 위치는 어려움을 주는 가시가 된다. 바다로 나가려는 대륙 세력과 대륙을 차지하려는 해양 세력의 야심이 충돌하기 쉬운 위치에 우리나라가 자리 잡고 있다. 1894년 청일전쟁이 터졌고, 전쟁터는 바로 한반도였다. 두 나라의 싸움으로 아무 죄 없는 우리가 막대한 희생을 치렀다. 구한말 우리나라는 열강의 각축장이 되었다. 일본과 중국은 물론이고 러시아와 미국 등 내로라하는 강국들이 우리를 공깃돌 가지고 놀 듯 흔들어댔다. 결국 일본에 국권을 빼앗겼다가 36년 만에 되찾았다. 그러나 그 기쁨도 잠시, 국토는 치열한 이념 대립 끝에 남북으로 분단되었고 급기야 1950년 6월 25일, 북의 남침으로 동란이 발발해 수백만의 생명이 희생되고 3년 만에 휴전에 들어갔다. 그 후 오늘에 이르기까지 우리 겨레가 겪어온 눈물의 세월은 말로 다 할 수 없는 신고(辛苦) 그 자체였다.

그토록 힘겨운 세월을 우리는 기도로 버티고 이겨냈다. 어려운 환경은 우리가 절박하게 매달리고, 통성으로 부르짖고, 새벽을 깨우며 철야와 금식으로 하나님께 나아가는 계기가 되었다. 결국 우리 민족의 지정학적 위치라는 가시가 도리어 세계선교의 마무리라는 대사명을 감당하는 기회임을 깨달았다. 우리 민족이 겪은 수많은 상처와 아픔과 고난의 역사는 제3세계 선교에서 놀라운 자산이 되고 있다. 그들과 함께 아파하며 상처투성이 민족을 불쌍히 여기는 소위 '고난 이해 자본', '고난 공감 자본'이 풍성해진 것이다. 우리가 가시로 아파봤기 때문에 보유하게 된 '이심전심 자본'이라는 의미다. 어려운 환경을 몸소 겪었기에 아픔 속에 있는 열방들을 이해하고 손을 잡아주고 공감하게 되었다. 그들을 긍휼히 여길 줄 아는 넉넉한 마음 씀씀이는 거저 주어진 게 아니다.

얼마 전 아프리카 가나의 대통령과 함께 기도할 기회가 있었다. 기도하는 가운데 서로 길게 말하지 않아도 느껴지는 동병상련의 감정이 마음을 애절하게 울렸다. 내가 서서 기도하니 대통령도 벌떡 일어나 같이 기도했다. 화가 변하여 복이 되게 하시는 신묘막측한 섭리를 통해 하나님께서 참석자 모두에게 공감대를 허락하신 자리였다. 하나님이 이를 통해서 능력을 주시리라 믿는다. 우리의 가시와 상처가 우리를 갈고닦아 성숙한 신앙을 갖게 한 후에 울며 고통당하는 제3세계의 가난한 사람들과 함께하게 해주는 능력의 원천이 될 것이다.

9회 말 투아웃 역전 홈런

제2차 세계대전의 막바지에 런던이 공습을 당할 때였다. 상황은 암담하기 이를 데 없었다. 영국민 대다수가 패배를 기정사실로 받아들이고 있었다. 객관적으로 완전히 망해가는 상황이었다. 믿었던 유럽의 대국들이 파죽지세로 밀어붙이는 독일군에게 속절없이 유린당한 뒤였다. 절체절명의 시국에 영국국교회 소속의 윌리엄 템플(William Temple)이라는 유명한 성직자가 나섰다. 그는 방송사에 요청했다. "라디오 방송에 나가서 이야기를 하고 싶습니다."

국가가 패망할 위기에 처했을 때 라디오 방송에 출연하여 그는 이렇게 말했다. "여러분, 지금이 바로 예배할 때입니다. 주님 앞에 나아갈 때입니다. 우리의 죄악을 회개하고 무릎 꿇고 주님의 은혜를 간절히 사모할 때입니다."

그의 제안에 감명을 받은 영국인들은 수상을 비롯해 모든 국민이 간절한 마음으로 주님 앞에 기도하기 시작했다. 결국 이 단합된 기도의 힘이 밑천이 되어 영국은 제2차 세계대전에서 극적인 승리를 거두었다. 비록 지금 영국국교회의 교세가 예전 같지는 않지만 신앙의 전통은 면면히 이어지고 있다. 결정적인 순간에는 웨스트민스터 교회에 모여 왕을 비롯한 수상과 지도자들이 함께 기도한다. 영국이 국가적 위기에 봉착할 때 그들이 부르는 찬송이 있다. "피난처 있으니 환난을 당한 자 이리 오라." 우리 찬송가로 70장이다. 그 찬송을 하나님께 올려드리면서 그들은 고난을 이겨냈다. 우리도 함께 기도해야 한다. "하나님, 우리에게 피난처가 되어주옵소서. 어려움을 이기도록 힘을 주옵소서. 바이러스 문제는 우리 힘으로 해결하기 어렵습니다"라고 외쳐 기도해야 한다. 주님께서 해결해주셔야 되는 문제이기 때문이다.

우리가 과연 박해와 곤고와 수치를 기뻐할 수 있을까? 바꾸어 생각해보자. 왜 박해와 곤고를 당하는 것일까? 결론적으로 어려움, 가시와 환난을 기뻐해야 하는 이유가 무엇일까? 대한민국은 최고 자산인 '고난 자본'이라는 열매로 지금껏 굳건해졌음을 확인할 수 있지 않은가? 가까운 역사만 보더라도, 1997년 외환위기로 나라가 부도를 맞은 IMF 구제금융 사태를 이겨냈다. 2008년 세계금융위기도 이겨냈다. 북한이 그토록 핵과 미사일로 위협하고 공격해도 악을 선으로 갚았다. 이제 세계선교의 새로운 장이 열렸고, 예수 그리스도께서는 우리를 사용하실 것이다. 그리스도를 위하여, 그리스도의 나라를 위하여 우리의 순전한 신앙을 유지하도록 만들어주는 것이 역설적이게도 박해와 곤고, 수치인 것이다.

우리는 때때로 침체에 빠지거나 절망의 구렁텅이에 갇힐 수 있다. 중상과 비방의 틈바구니에서 고통당할 수도 있다. 병마와 싸울 때도 있고 어려운 환경에서 바이러스와 싸울 때도 있다. 그럴 때마다 실패를 당연한 것처럼 생각해야 하는가? 아니다. 결코 그렇지 않다. 그 순간이 마귀를 무너뜨릴 수 있는 절호의 기회다. 그때가 바로 마귀에게 강펀치를 날려 악한 궤계를 깨뜨릴 수 있는 능력의 시간이다. 9회 말 투아웃 상황에서 역전 홈런을 날리는 것처럼 짜릿한 승리를 맛볼 수 있다.

약할 때 강함 주시는 주님을 찬송하자. 그렇다. 약할 때는 우리가 엎어지고 자빠질 순간이 아니라 하나님의 능력과 은혜를 체험하는 놀라운 시간이다. 우리가 마귀에게 강펀치를 날릴 수 있도록 찬송을 멈추지 말아야 한다. 물론 주님 앞에서 우리가 제대로 살고 떳떳한 하나님의 아들답게 사는 것도 중요하다. 그러나 어려울 때 더 적극적으로 예수님을 신뢰하며 그분의 인도하심을 의뢰하자. 주님의 능력이 내게 들어와 차고 넘칠 때 그 누구보다 주님께서 기뻐하신다. 약할 때 강함 주시는 예수 그리스도의 두 손을 꼭 붙들길 간절히 바란다.

예기치 못한 고난 속에서도
하나님을 신뢰하며 흔들림 없이 기도할 때,
'인생 가시'가 '인생 은혜'로 바뀔 것을 믿습니다.
버틸 힘도 없이 가시와 상처로 울고 있는 이들을
불쌍히 여기사 보호해주옵소서.

은혜 더 주시네

· 원제 He Giveth More Grace
· 작사 Annie Johnson Flint
· 작곡 Hubert Mitchell

내 짐 누를 때 주님 은혜 더 주시며
나 연약할 때 주님 힘 주시네
환난이 클수록 긍휼 더 주시며
큰 시련 당할 때 평안 주시네

내가 더 이상 견딜 수 없게 될 때
날 지탱하던 힘 다 사라질 때
내 바라던 소망 다 허사가 될 때
내 아버지 도움이 시작되네

주 사랑 한없고 주 은혜 끝없네
주 권능을 사람이 어찌 알까
내 주 예수 무한한 풍성함으로
넘치게 주시며 늘 더 주시네

36

시인이자 작곡가로 활동한 애니 존슨 플린트의 작품이다. 애니는 1866년의 크리스마스이브에 존슨가의 첫째 딸로 태어났지만, 3년 뒤 어머니가 동생을 낳다가 소천하고 아버지 역시 불치병에 걸려 결국 플린트가에 위탁되었다. 존슨은 애니를 신앙으로 길러달라고 부탁했는데, 애니는 아버지의 소원대로 예수님과 인격적인 교제 안에서 자라났다. 그녀는 어려운 상황 속에서도 미소와 밝은 태도를 잃지 않았고, 이런 모습은 그녀를 기억하는 친구들의 회고를 통해 알 수 있다.

하지만 애니의 밝음은 그녀가 고등학교를 졸업한 뒤 지속적으로 찾아온 어려움에 덮이고 말았다. 가장 먼저 찾아온 구름은 극심한 관절염이다. 아무런 일도 할 수 없을 만큼 상태가 악화되었을 때 그녀를 길러주었던 플린트 부부도 몇 달의 간격을 두고 모두 세상을 떠났다. 애니는 몸이 약한 여동생, 플린트 부부의 어린 두 자녀와 함께 세상에 남겨진 것이다. 그런 가운데 야고보서 4장 6절, 이사야 40장 9절 그리고 유다서 1장 2절을 약속으로 붙잡고 만든 찬양이 바로 〈은혜 더 주시네〉다. 이 찬양은 환난과 고통이 클수록 우리에게 찾아오는 은혜가 더 크다는 상대적 의미를 담아냈다. 애니의 고백이 되었던 이 찬양은 코로나19 사태라는 미증유의 고난 앞에 선 우리의 찬양이 되어, 어떤 환난에서도 그것보다 더 큰 은혜, 더 깊은 은혜를 주시는 주님을 바라보도록 이끌어주었다.

제2장

특권

길 잃은 인생,
GPS를 달다

1 여호와는 나의 목자시니 내게 부족함이 없으리로다 2 그가 나를 푸른 풀밭에 누이시며 쉴 만한 물가로 인도하시는도다 3 내 영혼을 소생시키시고 자기 이름을 위하여 의의 길로 인도하시는도다 4 내가 사망의 음침한 골짜기로 다닐지라도 해를 두려워하지 않을 것은 주께서 나와 함께하심이라 주의 지팡이와 막대기가 나를 안위하시나이다(시 23:1-4).

메시지의
핵심을 담은
3분 영상

함께 재건: 말씀, 고난에 답하다

지금 우리는 역사적인 격변의 한복판을 지나고 있다. 그렇기 때문에 역사의 책임을 피할 수 없다. 보다 섬세한 영적 안목과 해석이 요구되는 시기다. 한국교회에 주어진 시대적 책임, 사회적 책임역시 마땅히 짊어져야 한다. 우리가 지키고 있는 '자발적 자가 격리'와 '거룩한 사회적 거리 두기' 모두 대한민국이 이번 사태를 잘추스르기 위한 노력이다. 우리에게 닥친 위기는 개인의 문제를 넘어 모두의 문제가 되었기 때문이다.

　영국의 시인이자 성직자였던 존 던(John Donne)은 "인간은 더 이상 동떨어진 섬이 아니다"라고 노래했다. 우리는 이미 온라인, 오프라인으로 촘촘히 연결된 세상에 살고 있다. 한 개인에게 일어난 일이 하루 이틀 사이 모두에게 일어난 일이 된다. 너와 내가 따로 나뉘지 않는 세상, 공간적으로도 긴밀하고 사회적으로도 초연결, 초밀집된 환경 속에서 살아간다. 전기차 기업 테슬라의 창업주 일론

머스크는 그가 세운 로켓 업체 스페이스X를 통해서 지구 궤도상에 12,000개의 위성을 쏘아 올린다는 야심찬 구상을 발표했다. 그렇게 되면 전 세계 어디서나 어떤 스마트 기기와도 항상 위성 인터넷 연결이 가능해질 것이다.

대안을 제시하는 공동체

그러나 이런 초연결사회에서도 외로움의 문제는 해결되지 않는다. 여전히 세상은 냉담하고 건조하다. 특히 고독사(孤獨死) 등으로 이어지는 외로움과 개인의 고립은 커다란 사회문제로 대두되고 있다. 국가가 든든한 복지 정책을 편다 해도 개인의 정서적 유대까지 책임질 수는 없고, 사회의 봉사 시스템도 제한적인 효과만 거둘 뿐이다. 이러한 문제를 해결할 방안은 없을까?

대안은 오직 그리스도의 공동체, 신앙 공동체에서만 찾을 수 있다. 일반 사회는 혈연이나 지연 등을 중심으로 모인다. 하지만 기독교 공동체는 그리스도의 몸을 기반으로 영적인 교제를 나눈다. 성령 안에서 나누는 교제 안에는 풍성한 교통과 사귐이 존재한다. 그래서 고통까지 함께 나누는 단계로까지 나아갈 수 있다. "만일 한 지체가 고통을 받으면 모든 지체가 함께 고통을 받고 한 지체가 영광을 얻으면 모든 지체가 함께 즐거워하느니라"(고전 12:26). 사도 바울은 신앙 공동체가 나누어야 하는 부분, 즉 한 사람의 문제는 우리 모두의 문제가 되어야 한다는 것을 강조했다. 너의 아픔이 나의 아픔이요 이웃의 아픔이 곧 우리 아픔이 되는 것이다.

영성신학자 마르바 던(Marva J. Dawn)은 저서 《희열의 공동체》에서 직접 경험한 신앙 공동체의 복과 의미가 어떤 것인지를 잘 드러내고 있다. 마르바 던은 한쪽 눈이 보이지 않고 두 다리로 걷는 것도 힘든 여성이다. 어렸을 때 앓은 홍역 바이러스의 후유증으로 수십 년 동안 당뇨로 고생해왔으며 신장이식을 받은 후 매일 열 번 넘게 약을 먹어야 하는 상황이었다. 그럼에도 감사하며 살아갈 수 있는 이유를 밝혔다.

> 나는 지난 3년 동안 손과 발과 다리와 눈에 여러 번 수술을 받았는데, 그 과정에서 기독교 공동체가 주는 실로 풍성한 나눔의 복을 경험했다. 교회 지체들은 나를 병원까지 데려다주고 식사를 준비해주고 집 안을 청소해주었다. 버팀대와 붕대를 하고 있는 동안 목발과 휠체어를 마련해주고 나를 위해 기도해주었다. 그분들의 도움이 없었다면 내가 이 어려운 시기를 어떻게 이겨낼 수 있었을까? 그 일만 생각하면 나는 그저 감사할 수밖에 없다.

한 지체가 고통을 받으면 모두가 고통을 함께 나누는 영적 공동체만이 문제의 근본적 해결 방안을 제시할 수 있다. 그러므로 다른 이들의 고통을 나의 것으로 체화하는 그리스도의 마음이 우리 안에 자리 잡아야 한다. 코로나 바이러스 확산으로 고생하는 이웃의 고통이 우리의 기도제목이 되어야만 한다.

도둑같이 찾아온 영적 재편의 시간

"목사님, 이렇게 온라인으로 예배를 드리다 보니 예배당에 온 성도가 함께 모여 드리는 예배가 얼마나 소중한 것이었는지 새삼 깨닫습니다."

너무나 당연한 듯 누려왔던 일상이 코로나19 사태로 극적인 변화를 맞이한 후 이런 고백을 여러 차례 접했다. 예배당에서 향유했던 하나님의 은혜와 따뜻한 사랑, 한가득 안아주시는 아버지의 품이 그리워진 것이다. 그도 그럴 것이 두 주 전만 해도 평신도 훈련 개강 예배를 드리면서 사기가 충천하여 봄날에 새롭게 펼쳐질 사역들을 꿈꾸었기 때문이다. 하지만 상황은 급속도로 악화하기 시작했고, 급기야 주일 예배마저도 온라인으로 전환해야 하는 지경에 이르렀다.

예수님께서 부활 승천하신 후 초대교회 성도들에게 본격적으로 어려움이 시작되었다. 말로 다 할 수 없는 핍박을 받았고 스데반은 순교를 당했다. 예루살렘교회에 환난이 닥쳐오고 수많은 성도가 고초를 겪었다. 그러나 스데반의 순교에서 시작된 환난으로 사람들이 흩어져 비로소 사마리아 선교가 시작되었으며, 그들을 통해 안디옥교회가 세워진다. 계속된 환난과 핍박은 '그리스도인', 즉 '예수 그리스도를 믿는 사람들'이라는 놀라운 호칭을 처음 들었던 안디옥교회가 탄생하는 계기가 되었다. 또한 열방 선교에 헌신할 적임자로 예비해두신 바울이 사역을 시작한 곳 역시 안디옥교회였다. 말로 다 할 수 없는 핍박과 환난이 있었으나 그 과정에서 세계 선교를 향한 초석이 놓인 것이다.

지금 우리가 겪는 일들도 마찬가지다. 코로나19 사태로 인한 어려움은 단순한 전염병 정도로 치부하고 끝낼 사건이 아니다. 우리 신앙이 다시 한번 재편되는 계기가 되도록 기도해야 한다. 한국 사회, 특히 한국교회를 향해 그리고 개인적으로, 가정적으로, 민족적으로 영적 차원에서 새로운 재편이 시작되었다고 받아들여야 한다. 이런 차원에서 우리가 어떤 자세와 태도로 영적인 해석을 해나가야 하는지에 관해 주님의 음성을 들어야 한다.

교회 공동체가 마음 모아 기도하는 것이 가장 중요하다. 우리 교회가 "SaRang On 정오기도회"의 주제를 "하나님, 대한민국을 치유하여 주옵소서"로 정한 이유도 여기 있다. 모두가 합심하여 기도에 힘쓰는 것이 그 어느 때보다 중요하다. 우리가 "대한민국을 치유하여 주옵소서" 하고 간절히 부르짖으며 엎드리면 주님께서 반드시 응답하실 것이라 믿는다.

1857년 미국 보스턴에서 제레미아 랜피어(Jeremiah Lanphier)가 정오기도회를 시작했을 때 처음에는 1명이 모였다. 1명이 곧 100명이 되었고 얼마 지나지 않아 1,000명이 모였다. 6개월이 지났을 때는 참석자의 수가 1만 명으로 늘어났다. 미국의 대각성을 위해 수많은 사람이 마음을 합하여 기도했다.

온라인으로 진행 중인 SaRang On 정오기도회에는 하루에 만 몇천 명, 어떤 날은 2만 명 넘는 성도가 동참하고 있다. 결국 기도가 만사를 변화시킨다. 또한 기도가 역사도 바꿀 수 있음을 믿는다. SaRang On 정오기도회가 성도들의 집중력 있는 기도를 이끌어내어 하나님께서 한국교회에 제3의 부흥을 주시는 데 마중물이 되기를 간절히 바란다.

잎사귀가 마르지 않는 상록수 신앙 비법

시편은 우리에게 용기를 주는 말씀으로 가득하다. 수많은 고난을 겪으며 걸어온 인생길을 되돌아볼 때마다 시편 말씀이 없었다면 어떻게 살았을까 싶기도 하다. 150편으로 이루어진 시편 중에 절반 이상을 다윗이 썼다. 다윗이 남긴 시편들을 축약하고 또 축약하면 한 줄로 정리된다. "하나님의 은혜를 '기억'하고 하나님의 인도를 '기대'하라." 이 두 가지는 시대와 상황을 막론하고 신앙의 요체라 할 수 있다.

기억과 기대. 하나님을 믿는 모든 성도가 누리는 특권을 함축적으로 잘 드러내는 단어들이다. 성도라면 당연히 하나님께서 베푸신 은혜를 '기억'한다. 그리고 앞으로 다가올 하나님의 인도하심을 '기대'한다. 이러한 시각으로 시편 23편을 다시 묵상해보자. 우리는 별개의 섬으로 살아가는 인생이 아니다. 과거의 은혜는 기억하고 미래에 다가올 하나님의 인도는 기대하는 것이 그리스도인에게 주어진 아름다운 특권임을 잊지 말아야 한다.

> 내가 사망의 음침한 골짜기로 다닐지라도 해를 두려워하지 않을 것은 주께서 나와 함께하심이라 주의 지팡이와 막대기가 나를 안위하시나이다(4절).

여기서 다윗이 '해'(害), 곧 환난과 고난, 상처를 두려워하지 않게 된 이유가 무엇일까 묵상해보았다. 인생의 바다에서 어려움과 환난을 만나 고통스러워하면서도, 사망의 골짜기 한복판을 걷고 있음을 알면서도 그는 어떻게 두려워하지 않을 수 있었을까? 답은 "주께서 나와 함께하심이라"에 잘 나타나 있다. 다윗은 "주의 지팡이와 막대기가 나를 안위"하심을 알았기 때문이다. 즉, 주의 지팡이와 막대기가 내 삶에 개입하고 GPS가 되어주시기 때문이다. 이것을 영적으로 보다 깊이 들여다보면 "주의 지팡이와 막대기"는 곧 성령의 인도하심을 의미한다. 위대한 설교자 찰스 스펄전도 "시편 23편 4절은 요단강 가까이 갈 때까지 아껴두고 간직해두었다가 내 인생의 마지막 순간에 기쁘게 노래하고 싶은 달콤한 약속이요 성도만이 누릴 수 있는 특권이다"라고 고백했다.

이런 은혜가 스펄전과 같은 탁월한 사람들에게만 주어진 것일까? 아니다. 현재를 살아가는 우리 모두에게 동일한 자부심과 긍지, 특권으로 주신 은혜다. 믿는 자들인 우리 가슴을 다시 고동치게 하는 뜨거운 말씀이다. 이 말씀만 의지한다면 시대적 불안과 개인적인 고통으로 잠시 고민할 수 있지만, 어떤 상황과 환경에서도 담대하게 딛고 일어날 용기를 얻을 수 있다. 이 말씀은 우리 모두에게 인생의 두려움과 불안과 무력감을 단번에 뛰어넘게 하시는 약속이다. 앞으로 얻을 약속을 말하는 것이 아니다. 즉, 미래시제가 아니고 지금 이곳, 바로 여기에서 나와 함께하신다는 현재의 약속이다. 영광과 능력의 하나님이 우리가 머물고 있는 이곳에서 '지금' 함께해주신다는 의미다.

왕의 대연회에 겸상하는 은혜

다윗은 하나님의 은혜를 기억하며 이렇게 고백한다. "주께서 내 원수의 목전에서 내게 상을 차려주시고 기름을 내 머리에 부으셨으니 내 잔이 넘치나이다"(시 23:5).

다윗이 인생에서 경험한 하나님 은혜를 고백하는 내용 중 최고의 표현을 꼽으라면 이 구절이 아닐까? 내 원수의 눈앞에서 내게 식탁을 차려 배불리 먹게 하신다는 뜻이다. 그런데 원어의 의미를 보면 주님이 차려주시는 '상'(床)은 단순한 식탁 정도가 아니다. King's feast, 즉 왕의 대연회를 말한다. 우리가 한 생애를 살면서 받고 누렸던 하나님 은혜를 제대로 기억만 해도 이렇듯 잔칫상을 베풀어주시는 것과 같다는 의미다. 한 걸음 더 나아가 그것도 원수의 목전에서, 나를 대적했던 자들 앞에서 보란 듯이 차려주신다고 약속하셨다. 그때가 되면 수많은 짐을 다 내려놓게 하시고 모든 아픔과 상처를 치유해주실 것이다.

이윽고 내 잔이 넘친다. 이렇게 은혜를 부어주시고 왕의 잔치를 열어주시는데 어떻게 그러지 않겠는가? 왕의 잔치 자리에는 아무나 참석할 수 없으며, 왕의 가족과 궁정의 고관대작들에게만 자격이 주어진다. 이제 우리는 왕 중의 왕이신 예수 그리스도의 보혈을 통하여 왕의 잔치에 참석하는 백성들, 왕 같은 제사장이 되었다.

또한 이 '차리신다'는 말은 일회성이 아니다. 단번으로 끝나는 것이 아니라 반복해서 지속적으로 주신다는 뜻이다. 주님의 임재를 고백할 때 하나님께서 잔칫상을 예비하신다. 이 말씀이 삶에 현존하는 의미로 다가오기를 바란다.

살아오는 동안 체험했던 숱한 은혜의 순간들이 주마등처럼 지나간다. 수많은 집회에서 말씀을 전했지만 유독 기억에 남는 순간이 있다. 평양대부흥 100주년을 기념해 부산 해운대 백사장에서 개최된 '부산대부흥 2007'이 그중 하나다. 약 20만 명이 모인 대규모 집회였다. 대형 모니터 여러 개가 백사장 곳곳에 설치되었고 기도와 찬송 소리는 지축을 흔들었다.

설교를 맡아 단상에 오르려는데 진행 담당자가 말을 건넸다.

"목사님, 설교 시간은 40분입니다."

나는 알겠다고 대답했다. 그런데 그렇지 않아도 부담이 큰 설교를 앞둔 때에 그가 다시 강조하는 것이었다.

"1분도 더 하시면 안 됩니다."

나는 다시 "네!"라고 대답했다. 이제 정말 단상에 서려는데 그가 재차 확인했다.

"목사님, 1분도 덜 하셔도 안 됩니다."

왜 그랬는지 사정은 알고 있었다. 텔레비전 방송으로도 나가는 집회인지라 전체 시간을 칼같이 맞춰야 하는 상황이었기 때문이다. 단 1분도 더하거나 덜해서는 안 되었다.

알겠다고 다시 대답하고 성도들 앞에 섰다. 그날은 바람이 엄청 강하게 불었다. 사도행전 16장 본문으로 설교를 시작한 지 3분 정도 지났을까? 갑자기 휙 바람이 들이치면서 설교 원고가 날아가고 말았다. 보통 심각한 상황이 아니었다. 설교가 통째로 날아간 셈인데 카메라가 돌아가고 있었으니 어떻게 손을 쓸 방도가 없었다. 시간을 확인할 방법도 없었다. 그래서 기도했다. "하나님. 제가 원해서 이 자리에 선 것도 아니고 주님이 부르셔서 여기 서 있으니 불쌍히 여기시고 도와주옵소서. 하나님의 은혜를 주옵소서!"

어렵사리 설교를 마치고 내려왔는데 놀라운 전갈을 받았다. 정확히 40분에 맞춰 설교했다는 것이었다. 말로 다 할 수 없는 그 은혜를 어떻게 표현할 수 있을까! 그때 체험했던 은혜의 기억이 새롭고 분명하게 떠올랐다. 하나님이 베풀어주신 은혜의 잔칫상을 그날 실감했던 것이다.

내게 주신 은혜를 기억하자. 흔들림 없이 주의 길을 걸어가자. 은혜의 기억은 나를 살리고 내 주변을 살리고 내 삶을 풍요롭게 한다. 지난날 내게 차려주신 잔칫상, 풍성히 누렸던 하나님 은혜의 상을 떠올려보고 사람들과 나누길 바란다.

내 인생의 가장 정확한 GPS

하나님의 은혜를 기억한 후, 그다음으로 중요한 것은 무엇일까? 그것은 바로 기대하는 것이다. "주의 지팡이와 막대기가 나를 안위하시나이다." 할렐루야! 이 고백 안에는 앞으로 이루어질 일에 대한 확신이 잘 드러나 있다. 주의 지팡이와 막대기는 내 인생의 GPS로 나를 여호와 하나님의 집까지 인도하신다.

내 평생에 선하심과 인자하심이 반드시 나를 따르리니 내가 여호와의 집에 영원히 살리로다(시 23:6).

5절이 과거의 일을 말한다면 6절에는 하나님의 인도하심에 대한 기대가 담겨 있다. 은혜의 기억을 가진 우리 모두는 당연히 하나님을 기대하며 바라고 기다린다.

다윗은 이 은혜를 받고 깊은 묵상 가운데 귀한 고백을 시로 읊는다. "그의 노염은 잠깐이요 그의 은총은 평생이로다"(시 30:5). 노여움은 잠깐이지만 하나님은 그 은총으로 평생을 보살피신다. 잊지 말아야 한다. 하나님은 두려움의 대상이 아니다. 마음대로 심판의 칼날을 휘두르시는 분도 아니다. 지극한 영광 가운데 오래 참으시며 차분한 사랑을 베푸시는 분이다.

코로나19 사태 속에서도 하나님의 강력한 인도하심을 기대하는 그리스도인이 되기를 소망한다. 이 난관을 돌파하며 예배가 얼마나 소중한 것인지 우리는 분명히 확인했다. 베를린 필하모닉 오케스트라의 공연에서 연주가 시작되려고 할 때 청중을 감싸고 도는 터질 듯한 기대와 흥분을 선명하게 기억한다. 올림픽 개막식을 할 때도 카운트다운을 하며 모든 사람이 대회의 개막을 기대하지 않는가? 마찬가지로 이 소중한 예배를 터질 듯한 기대로 기다리는 복이 우리 모두에게 임하기를 간절히 바란다.

죽음에 이르는 치명적인 영적 질병

　신앙의 본질인 하나님 은혜를 기억하고 그분의 인도하심을 기대하지 못하게 방해하는 것이 있다. 바로 신앙의 매너리즘, 그저 습관적으로 교회에 오고가는 형식적 종교생활이다. 즉, 습관에 젖은 신앙생활은 결정적으로 기억과 기대를 방해한다. 그렇게 되면 더 이상 하나님의 임재에 가슴이 뛰지 않는다. 더욱 큰 문제는 그런 자기 모습을 제대로 보지 못한다는 것이다.

　요한계시록에 등장하는 일곱 교회 중에 라오디게아교회가 있다. 사람들은 그 교회를 후하게 칭찬했다. 부요한 도시인 라오디게아 지역에 자리한 교회는 겉으로 보기에 품위가 있고 부족한 것이 없었다. 그러나 사도 요한은 충격적인 지적을 마다하지 않는다. 실제로 그들의 영적 수준은 벌거벗은 것을 자각하지 못할 만큼 눈이 멀고 부끄러웠던 것이다. "네가 말하기를 나는 부자라 부요하여 부족한 것이 없다 하나 네 곤고한 것과 가련한 것과 가난한 것과 눈 먼 것과 벌거벗은 것을 알지 못하는도다"(계 3:17).

　A. W. 토저는 구약시대 이스라엘 민족을 가장 많이 괴롭혔던 영적 원수가 바로 '관습의 독재'라고 말했다. 이는 습관적 신앙이 폭군이 되어 군림한다는 의미다. 관습의 독재는 반드시 함정을 파 놓는다. 습관적인 신앙생활의 언저리 어딘가에는 반드시 구덩이가 있다. 그래서 한번 빠지면 충격이 만만치 않다. 습관적 신앙은 구약

의 이스라엘 민족에게 그랬듯이 우리에게도 큰 문제가 된다.

이번 코로나19 사태를 경험하면서 우리는 한 가지 분명한 사실을 깨달아야 한다. 기억과 기대를 품고, 간절한 기도가 회복되어야 한다는 것이다. "하나님, 우리가 힘없는 신앙, 관습에 빠져 습관적으로 몸만 오가는 무미건조한 신앙에서 탈피하게 해주옵소서. 새로운 차원의 신앙으로 도약하도록 도와주옵소서!"

하나님의 은혜에 대한 기억과 기대. 이 두 가지는 습관적인 신앙, 활력 잃고 관성적인 신앙의 폐단을 극복하게 하는 특효약이다.

신명기 1장 6-7절에는 이런 내용이 나온다. "너희가 이 산에 거주한 지 오래니 방향을 돌려 행진하여." 이스라엘 백성의 현실 안주에 대한 경고다. 광야 길을 가던 이스라엘 백성은 호렙산에 오랜 기간 머물게 되었다. 그러다 보니 그곳이 편안해지고 익숙해졌다. 점차 자신들이 왜 출애굽을 했는지, 무엇 때문에 광야를 통과하고 있는지, 사명이 무엇인지 망각하고 말았다. 그래서 이제는 방향을 틀어 행진하라고 하나님이 명하실 상황까지 이르렀다.

우리도 어쩌면 출애굽 후 호렙산 중턱에서 삶의 의미와 사명을 모두 망각한 채로 있었는지도 모른다. 이렇게 기도해야 한다. "하나님 아버지, 습관적인 신앙에서 탈피하게 해주옵소서. 다시 한번 우리 사명과 우선순위가 무엇인지 점검하게 해주옵소서!"

편안하고 익숙한 종교생활에 빠져 있는가? 영적인 힘을 발휘하며 사명을 늘 기억하고 기대하는가? 정말 그렇게 승리하고 있는가? 습관적 신앙에 빠진 사람은 마치 공동묘지 무덤 안에 누워 있는 시신과 같다. 어제가 오늘 같고 오늘이 내일 같은 공동묘지, 과거에 대한 기억이나 은혜에 대한 기억이 없고 미래에 대한 가슴 뛰는 기대도 없는 상태에 머물러 있는 것이다. 광야 길을 가는 도중 잠시 호렙산에 머물렀던 이스라엘 백성이 어느새 따스한 햇볕과 시원한 바람이 함께하는 산중턱 생활에 길들여져 꾸벅꾸벅 졸고 있는 모습, 그것이 오늘날 우리의 현실이 아닐까? 신앙의 소중한 감정들은 하나씩 사라져가고 자신에게서 생명의 잎사귀가 하나 둘 떨어져나가도 느끼지 못한다. 그러다 어느 날 문득 자신을 돌아보니 신앙의 열매는커녕 나뭇잎마저 몽땅 떨어진 나목(裸木)의 상태가 되어버린 것이다.

우리는 이번 사태를 전화위복의 계기로 삼아야 한다. 하나님의 은혜를 기억하고 인도하심을 기대하면서 가슴 뛰었던 신앙을 회복하자. 습관적 신앙에서 탈피하게 도와달라고 간절히 기도하자.

영혼이 소생하는 치유

사도 바울이 고백한 대로 우리는 일어나야 한다. "잠자는 자여 깨어서 죽은 자들 가운데서 일어나라 그리스도께서 너에게 비추이시리라"(엡 5:14).

죽은 자와 같은 신앙생활을 탈피할 수 있는 영권을 회복하길 간절히 바란다. 지금 코로나19 사태로 우리 모두는 힘겨운 시간을 보내고 있다. 많은 이들이 말 못할 고생을 하고 있으며 건강의 위협으로 공포에 떨기도 한다. 실망과 분노를 느끼는 사람도 많다. 반면 어려운 가운데에도 여기저기서 들리는 미담들을 통해 격려받기도 한다.

이번 일을 통해 간절한 소원이 생겼다. 바이러스를 치료할 백신이 빨리 개발되기를, 특히 우리 2세들 가운데 앞으로 이런 어려움을 감당해낼 의료인과 과학자들이 많이 배출되기를 소원한다. 그리고 우리를 영적 침잠에 빠지게 하는 관습적 신앙의 바이러스도 물리치게 되기를 소망한다. 감사의 기억과 간절한 기대를 통해 우리 모두의 영혼이 소생하기를 진심으로 기도한다.

‘거룩한 신적 개입’으로
교회와 역사를 재편하실 때,
‘신앙 공동체의 사랑’으로
민족의 아픔을 나의 아픔으로 여기며
새로운 차원으로 비상하게 하옵소서.

은혜를 담은 찬양

찬송과 존귀

· 원제 Blessing And Honour
· 작사·작곡 Terry MacAlmon

찬송과 존귀 영광과 권능
부요와 지혜와 힘

찬송과 존귀 영광과 권능
부요와 지혜와 힘

모두 주께 주님께
보좌 위에 앉으신 주님

모두 주께 주님께
보좌 위에 앉으신 주님

예수님

함께 재건: 말씀, 고난에 답하다

작곡자 테리 맥알몬은 미국 콜로라도스프링스에서 큰 영향력을 끼친 "Lunch with the Lord"를 통해 많은 이들을 하나님의 임재로 이끈 워십 리더다. 그는 태어나면서 조산으로 인해 두개골 협착증을 얻었고 결국 시한부 인생을 선고받았지만, 하나님의 치유를 경험하며 주님과의 교제, 또 사역에 대한 소명을 확인하게 되었다. 사역의 길로 들어선 뒤 미국 콜로라도주에서 개척을 했는데, 수년간 여러 어려움을 겪다가 매주 수요일 정오에 하나님을 예배하기로 결단하고 Lunch with the Lord를 시작했다. 머지않아 그 모임에 수많은 사람들이 참여했고, 한국교회에서도 즐겨 부르는 곡들이 탄생했는데 그중 하나가 〈찬송과 존귀〉다.

사랑의교회에서는 현장 예배 중단으로 찬양대가 설 수 없는 환경에서, 방역 지침을 준수하며 본당에서 예배를 드린 영가족이 일당백의 찬양대원이 되어 매주 폐회송으로 불렀던 찬양이다. 요한계시록 4장을 바탕으로 작곡된 이 찬양을 드리면서, 예배의 중심과 유일한 대상은 오직 하나님 한 분임을 기억할 수 있었고, 함께 그 영광을 노래하며 예배를 마무리하는 기쁨을 누릴 수 있었다.

제3장

정체성

시험의 때,
영적 매력을 잃지 않으려면

3 왕이 환관장 아스부나스에게 말하여 이스라엘 자손 중에서 왕족과 귀족 몇 사람 4 곧 흠이 없고 용모가 아름다우며 모든 지혜를 통찰하며 지식에 통달하며 학문에 익숙하여 왕궁에 설 만한 소년을 데려오게 하였고 그들에게 갈대아 사람의 학문과 언어를 가르치게 하였고 5 또 왕이 지정하여 그들에게 왕의 음식과 그가 마시는 포도주에서 날마다 쓸 것을 주어 삼 년을 기르게 하였으니 그 후에 그들은 왕 앞에 서게 될 것이더라 6 그들 가운데는 유다 자손 곧 다니엘과 하나냐와 미사엘과 아사랴가 있었더니 7 환관장이 그들의 이름을 고쳐 다니엘은 벨드사살이라 하고 하나냐는 사드락이라 하고 미사엘은 메삭이라 하고 아사랴는 아벳느고라 하였더라 8 다니엘은 뜻을 정하여 왕의 음식과 그가 마시는 포도주로 자기를 더럽히지 아니하리라 하고 자기를 더럽히지 아니하도록 환관장에게 구하니 9 하나님이 다니엘로 하여금 환관장에게 은혜와 긍휼을 얻게 하신지라(단 1:3-9).

메시지의
핵심을 담은
3분 영상

함께 재건: 말씀, 고난에 답하다

다니엘서는 예언서로 구분된다. 조금 더 깊은 의미에서 다니엘서는 신학과 예언이 만나는 책이다. 우리는 '예언' 하면 앞으로 어떤 일이 벌어질 것인지를 미리 예측하는 일로만 생각한다. 그렇지만 엄밀히 말해 예언은 불확실한 시대에 영적으로 복을 받았던 이들이 남겨놓은 하나의 지침이다. 다니엘서 같은 예언서는 흔들리는 삶을 위한 은혜의 기록물이다. 특히 박해받고 핍박을 당하는 사람들이 믿음으로 굳게 설 수 있도록 붙잡아준다. 그래서 이러한 예언서를 통해 신앙 중심을 제대로 잡아야만 한다.

또한 다니엘서는 신학적 맥락에서 여호와 하나님의 절대 주권을 시종일관 강조하고 있다. 제국과 시대와 황제들을 통치하고 사용하시는 전능하신 하나님의 신비한 영광에 눈을 뜨라는 것이 다니엘서의 주제다.

자유주의 신학자들 중에는 다니엘서를 폄하하는 사람들도 있다.

영적으로 눈이 열리지 않으면 하나님의 신비와 영광을 이해할 수도, 말할 수도 없다. 무엇이든 자기 생각의 범위 안에서만 알 뿐이다. 영적인 감동은 전적으로 성령께서 주시는 선물이다. 다니엘의 예언과 신학에 대해서는 예수님께서도 보증하셨다. "그러므로 너희가 선지자 다니엘이 말한 바 멸망의 가증한 것이 거룩한 곳에 선 것을 보거든 (읽는 자는 깨달을진저)"(마 24:15).

기가 막힌 '바벨론적 환경'

바벨론이 유다 왕국을 침공했을 때 이스라엘 자손 중에서 왕족들과 귀족들을 포로로 끌고 갔다(3-4절). 학자들은 1차 포로기 시절 여러 왕족, 귀족들과 함께 잡혀갔을 때 다니엘의 나이가 16세쯤 되었다고 추정한다. 이제 갓 소년의 티를 벗기 시작하는 나이, 한창 예민한 청소년 시기에 짐짝처럼 전혀 알지 못하는 세계에 던져졌으니 얼마나 불안했을까?

3절을 보면 그렇게 끌려갔던 다니엘은 왕궁에 설 만한 소년으로 선발되었다. 훗날 그는 3개의 제국에 걸쳐 거의 70년 동안 왕궁에서 직무를 수행했다. 많은 성경학자가 다니엘이 오랫동안 왕궁에 있었다면 아마도 거세를 당했을 것이라고 해석하는데, 그 말에 일리가 있다고 본다.

다니엘은 잡혀간 그곳에서 평생 살얼음판을 걸으며 느부갓네살 같은 잔인무도한 제왕들을 섬겨야 했다. 그에게는 부모도 가족도 아내도 없었다. 인간적으로 보면 마음 둘 곳 하나 없고, 눈물이 날 수밖에 없는 상황이었다. 조국의 멸망과 함께 촉망받던 한 청소년의 꿈이 산산조각 나버렸고, 온종일 눈물을 음식으로 삼아야 했다. 아무리 노력해도 행복해질 가능성조차 보이지 않았다. 다니엘이 겪었던 가장 큰 고통은 외로움이었다고 생각한다. 흉금을 털어놓을 사람이 없는 곳에서 90여 세가 될 때까지 그는 이방 권세자들 틈바구니에서 혼자 살아남아야 했다. 우리처럼 교회도 없고, 가족도 없고, 조국도 없고, 생중계 예배도 없고… 심지어 정경(正經)도 없었다. 그야말로 기가 막힌 '바벨론적 환경'에 던져진 신세였다.

바벨론 세상에서 하나님의 자녀로 살기

예수 잘 믿는 하나님의 백성도 부지불식간에 이런 바벨론적 환경으로 내몰릴 수 있다. 다니엘처럼 익숙했던 환경에서 강제로 쫓겨나거나, 학교에서 왕따를 당할 수도 있다. 예수 믿는다고 하면 '은따'(은근히 따돌림)를 당하고 손가락질 당하는 회사가 바벨론이 될 수 있고, 외로움에 사무친 곳이 바벨론이 될 수 있고, 눈물이 뚝뚝 떨어지는 장소가 바벨론일 수도 있다. 직장 상사의 부정부패로 가슴이 조여오는 곳, 사기와 비리 그리고 죄악 사이에서 타협을 강요당하는 곳이 바벨론일 수도 있다. 영적으로 오염된 그곳은 어디든 우리에게 바벨론이 될 수 있다.

신앙의 정절을 지키려고 애쓰는데도 무시당하는 상황, 공격당하는 장소가 바벨론이다. 더구나 하나님을 신실하게 섬겼지만 중병에 걸려 죽음과 사투를 벌이는 상황이라면 그 병상도 우리에게는 바벨론이다. 즉, 하나님의 백성이 고통당하는 장소나 상황 자체가 바벨론이다. 예수님을 잘 섬기는 사람에게도 이러한 바벨론적 환경이 찾아올 수 있다.

3-7절을 보면 다니엘과 그의 세 친구, 도합 네 명이 신앙의 정체성을 지킨 대표적인 사람들로 등장한다. 그런데 이들도 바벨론식으로 개명을 당한다. 다니엘은 벨드사살, 세 친구들은 각각 사드락과 메삭과 아벳느고라는 이름으로 불리게 된다. 포로로 끌려간 곳에서 이방신 및 바벨론의 신들과 연결된 이름을 달고 살아야 했던 것이다.

남이 자기를 어떻게 생각하는가에 온통 신경이 팔려 있는 사람이 많다. 때로는 내가 나를 어떻게 보는가에 관심을 집중하는 사람도 있다. 그런 사람일수록 '자존감'을 귀하게 여긴다. 그러나 더 중요한 것은 '하나님이 나를 어떻게 보시는가?'다. 모든 GPS가 최종 목적지를 향해 최적 경로를 안내하는 것과 마찬가지로, 진정한 신앙의 정체성은 결국 '하나님이 나를 어떻게 보시는가?'라는 결론에

도달해야 한다.

이것이 올바른 신앙의 정체성을 판단하는 유일한 기준이다. 하나님은 나를 어떻게 보시고 나를 어떻게 판단하시는가? 우리는 나 자신의 것이 아니기 때문이다. 하나님 앞에서 올바른 정체성을 갖추기 시작할 때부터 내 앞에 길이 열리기 시작한다.

> 야곱아 너를 창조하신 여호와께서 지금 말씀하시느니라 이스라엘아 너를 지으신 이가 말씀하시느니라 너는 두려워하지 말라 내가 너를 구속하였고 내가 너를 지명하여 불렀나니 너는 내 것이라 네가 물 가운데로 지날 때에 내가 너와 함께할 것이라 강을 건널 때에 물이 너를 침몰하지 못할 것이며 네가 불 가운데로 지날 때에 타지도 아니할 것이요 불꽃이 너를 사르지도 못하리니(사 43:1-2).

"너는 내 것이라." 이것이 우리의 정체성이다.

'던져진 존재' vs. '보냄받은 존재'

그리스도인은 세상 사람들, 세상 철학과 전혀 다른 정체성을 갖고 있다. 실존주의 철학자로 지금도 큰 영향을 끼치는 폴 사르트르는 "인간이란 무엇인가?"라는 질문에 이렇게 답했다. "인간은 이 세상에 던져진 존재다." 이것은 세상에서 길을 잃었다는 의미다. 하지만 성경의 답은 다르다. 예수님은 이렇게 말씀하셨다. "아버지께서 나를 보내신 것같이 나도 너희를 보내노라"(요 20:21).

우리는 세상에 '던져진' 존재가 아니라 세상에 '보냄받은' 존재다. 우리 모두는 하늘과 땅의 모든 권세를 지니신 그분의 약속을 받은 존재다. 이것이 핵심이다. 나는 그저 세상에 던져졌을 뿐이라면, 이 세상이 인생의 전부라는 의미가 된다. 세상에서 아등바등하고 실망하며 허탈감과 공허를 느끼면서도, 악착같이 전력투구하는 수밖에 없다.

하지만 보냄받은 존재는 어떠한가? 우리는 하나님의 대사로서 신앙의 기품을 지키며 살아간다. "우리 중에 누구든지 자기를 위하여 사는 자가 없고 자기를 위하여 죽는 자도 없도다"(롬 14:7). 세상이 내 정체성을 규정하지 못한다는 뜻이다. "그러므로 사나 죽으나 우리가 주의 것"(롬 14:8)이다. 여기에서 우리의 거룩한 품행이 나타난다. 내가 여기 있는 것은 보내신 분이 있기 때문이다. 그것이 그리스도인의 정체성이다.

이 정체성을 가지고 살아갈 때 반드시 도전을 받는다는 사실을 명심해야 한다. 누군가가, 아니면 어떤 상황이 우리를 어렵게 하는 경우가 생긴다. 다니엘은 음식 문제로 도전을 받았다. 당시 음식은 단순한 먹을거리가 아니라 그 지역 문화의 정수가 담긴 것이었다.

함께 재건: 말씀, 고난에 답하다

특히 왕궁의 음식은 대부분 우상숭배와 깊은 관련이 있었고, 거기서도 고기 종류는 전적으로 우상에게 바쳐진 제물이었다. 그래서 다니엘과 세 친구는 이를 결코 받아들일 수 없었다. 다니엘도 평소고기를 먹었을 수 있지만, 이 문제가 정체성에 대한 도전이었음을 인지했을 때, 우상에게 바쳐진 음식으로 정체성을 오염시킬 수는 없다고 결심한 것이다. 이처럼 다니엘과 세 친구는 기준을 혼동하지 않고 정확히 자신의 정체성을 지켰다.

믿는 자의 야성이 폭발하다

'바벨론 왕국에 살지만 내게는 하나님 왕국의 통치가 우선이지. 비록 세상의 왕이 주는 호의를 받고 있지만, 왕의 힘과 권위로만 살아가는 인생이 아니야. 나는 하나님이 주신 정체성을 가지고 살아가는 하나님의 백성이야.' 다니엘은 이런 마음으로 세 가지를 실천한다.

첫째, 모든 시선을 주님께 향했다. "다니엘은 뜻을 정하여 왕의 음식과 그가 마시는 포도주로 자기를 더럽히지 아니하리라 하고 자기를 더럽히지 아니하도록 환관장에게 구하니"(8절). 한결같은 시선으로 하나님만 섬기겠다고 결단한 것이다.

둘째, 믿음의 절개를 지켰다. 다니엘의 세 친구인 사드락, 메삭,

아벳느고는 생명을 위협받는 상황에도 이렇게 말했다. "그렇게 하지 아니하실지라도 왕이여 우리가 왕의 신들을 섬기지도 아니하고 왕이 세우신 금 신상에게 절하지도 아니할 줄을 아옵소서"(단 3:18). 기백이 느껴지는 고백이다. 그들은 모든 것을 하나님께 의지했다. 그들의 영적 DNA가 하나님 앞에서 폭발한다. 이 순간 하나님은 얼마나 흡족하셨을까? 이 젊은이들에게선 믿는 자의 야성이 느껴진다.

'마음 맞는 친구들 세 명만 모여도 나라를 세운다'는 말은 결코 빈말이 아니다. 실제로 헬라 제국을 일으켰던 유명한 정복군주 알렉산더에게는 분신과도 같은 헤파이스티온을 비롯해 세 친구가 있었다. 그들은 알렉산더가 페르시아 원정을 성공리에 완수하도록 도왔다. 신앙생활에서도 마찬가지다. 서로 세워주며 기백 있는 신앙으로 영적인 버팀목이 되어주는 멋진 친구들, 마음에 맞는 동역자, 믿음의 동지가 있다면 얼마나 든든하고 힘이 되겠는가?

셋째, 규칙적인 기도생활을 이어갔다. "다니엘이 이 조서에 왕의 도장이 찍힌 것을 알고도 자기 집에 돌아가서는 윗방에 올라가 예루살렘으로 향한 창문을 열고 전에 하던 대로 하루 세 번씩 무릎을 꿇고 기도하며 그의 하나님께 감사하였더라"(단 6:10). 왕 외에 다른 신이나 사람에게 기도하면 죽음의 위기가 닥칠 것을 알면서도 다니엘은 기도를 멈추지 않았다. 평소처럼 하루에 세 번씩 규칙적인 기도를 이어나갔다. 생명의 위협 앞에서 영적 근육을 강화시켰다.

이렇게 단호한 자세를 가졌기에 어려움이 닥쳐와도 공황상태에 빠지지 않았다. 그래서 사자 굴 속에 던져졌어도 정체성을 잃지 않고 당당하게 행동할 수 있었다.

정체성을 지켜주는 자양분

다니엘은 어떻게 그 험한 환경에서도 자기 정체성을 지키며 살아갈 수 있었을까? 이에 대해서는 여러 해석이 있지만, 그가 16세 정도에 포로로 잡히기 전까지 다니엘의 부모가 신앙적 정체성을 철저하게 교육했다고 보는 것이 타당하다. 특히 어머니가 잠자리에 들 때마다 간절한 마음으로 이렇게 말했을 것이다. "다니엘, 너는 하나님의 사람이야. 네가 어디로 가든지 하나님이 너와 함께 계신단다. 하나님이 붙잡아주실 거야. 그러니까 너는 아무렇게나 살면 안 되는 사람이야. 너는 하나님을 위해 살아야 돼. 하나님이 너를 붙잡고 반드시 보호해주실 거야." 이렇게 간절한 마음으로 이야기하고 기도해주었을 것이다. 어린 시절부터 구체적으로 누렸던 신앙 교육을 통해 다니엘은 남다르게 살 수 있는 용기를 얻을 수 있었다. 훗날 혹독한 외로움과 고통, 죽을 위기 속에서도 정체성을 지킬 수 있도록 '영적 근육'을 키워갔던 것이다.

이것이 왜 중요할까? 최근 코로나19 사태를 겪으면서 신앙의 원류, 시작을 한 번쯤 되돌아보았을 것이다. 우리의 존재 의미, 본질적인 부분, 즉 신앙의 정체성을 고민하게 되었다. 즉, 이번 사태를 넘어서며 세대에서 세대로 이어지는 신앙 정체성을 다시 강조해야 한다는 강한 사명감을 갖게 되었다. 모든 부모의 꿈은 자녀들이 잘되는 것 아니겠는가? 자녀들이 진정 잘되도록 도우려면 부모 세대는 무엇을 해야 할까?

많은 어머니들이 자녀가 고3이 되면 미리부터 불안해하기 시작한다. 지레 겁을 먹고 아이들을 다그친다. "너는 이제 고3이야. 그러니 딱 1년만 다른 거 생각 말고 고3처럼 살아." 대화의 모든 결론이 고3으로 끝이 난다. 고3 때 열심히 공부하고 대학 들어가서 잘 믿기를 원한다. 그러나 하나님은 말씀하신다. "부모들아 꿈을 깨라!" 우리 아이들은 언제나 하나님의 자녀로 살아가야 한다. 유치원에 다닐 때나 고3일 때나 마찬가지다. 신앙의 정체성을 갖고 하나님 앞에서 내가 누구인지를 명확하게 알고 공부하면 그 효율성은 남다를 수밖에 없다. 하나님께서 놀라운 집중력과 이해력을 주신다. 그것이 다니엘서로 증명되고 있다.

그렇다. 다니엘이 그렇게 살아갈 수 있었던 것은 신앙의 정체성을 제대로 가르친 어머니 덕분이었다. 비록 성경에 등장하지도 않고, 포로로 끌려갔던 아들과 피눈물 나는 이별을 해야 했지만, 부모가 남긴 신앙 유산이 바로 선지자이자 탁월한 행정가 겸 정치인이었던 다니엘의 정체성을 유지한 자양분이었다.

함께 재건: 말씀, 고난에 답하다

교회의 모든 부모들이여, 자녀들이 신앙의 정체성을 확실히 가질 수 있도록 예수 그리스도의 피 묻은 복음을 가르치는 특권을 놓치지 말길 바란다. 예수님의 생명 복음이 부모인 우리를 통해 자녀에게 선포되기를 진심으로 기도한다. 자녀와 마주앉아 "예수님이 우리 머리 위에 자기 피로 값 주고 은혜로 덮어주셨다는 말씀이 무슨 뜻인지 알겠니? 나의 의가 아니라 그리스도의 의로 구원받는다는 것은 무슨 의미일까?"라고 물으며 아이들 인생에 신앙의 GPS를 심어주자. "우리의 소중한 아이들이 어떤 경우에도 흔들림 없는 정체성을 가지고 한 생애를 걸어가게 해주옵소서." 나를 닮은 사랑스러운 자녀에게 생명의 복음에 담긴 능력을 고스란히 전해주는 부모가 되자.

아빠로서 모든 것을 얻은 느낌

미국 베이커스필드 아름다운교회를 섬기는 여승훈 목사님에게 이메일을 받았다. 지난 2월, 우리 교회의 토요비전새벽예배(토비새)에서 말씀을 전했던 분이다. 그분의 메일 중 감동적인 내용이 있어 함께 나누려 한다.

여승훈 목사님의 딸은 몇 년 전, 대학에 입학했다. 입학 후 석 달 정도 지난 토요일 새벽에 딸이 문자를 보내왔다.

"아빠, 토요일이라 주일 준비 때문에 바쁜 거 잘 아는데, 저한테 시간을 좀 내주세요."

안 그래도 대학 들어가서 어떻게 지내는지 궁금했던 터라 딸에게 전화를 했다. 그런데 뜻밖의 이야기를 꺼내는 것이었다.

"아빠! 지난주에 에베소서 2장을 읽다가 1절 '허물과 죄로 죽었던 너희를 살리셨도다'에서 나도 모르게 눈물이 왈칵 쏟아졌어요. 아빠, 저에게 다시 한번 복음을 확인시켜주세요."

목사님은 깜짝 놀랐다. 목사의 딸로 속 썩인 일 한 번 없는 모범적인 자녀였다. 열아홉 살밖에 되지 않은 아이에게 무슨 죄가 그리 많겠는가? 그런데 "허물과 죄로 죽었던 너희"에서 놀라운 진실을 발견했다. 아담이 범했던 죄로 인해 자기도 죄인이 되었다는 원죄 (Original Sin)가 실제로 깨달아지고 믿어지고 고백되는 성령의 은혜를 체험한 것이다. 목사님은 딸과 전화를 마치고 느꼈던 은혜와 감격을 이렇게 전했다.

"그 순간 아빠로서 모든 것을 얻은 느낌이었습니다."

많은 교회, 많은 부모가 "(도덕적으로) 이렇게 살아라"라고만 이야기한다. 그러나 피 묻은 생명의 복음을 말해주지 않기 때문에 자녀 세대가 힘을 발휘하지 못하게 되었다. 우리가 도덕적으로 사는 데는 분명 한계가 있다. 성령의 인치심을 받으면 이 문제는 자연스럽게 따라온다. 다니엘은 어릴 적부터 "너는 하나님의 사람이야. 하나님이 너를 붙잡고 계셔"라는 정체성 훈련을 마스터했다.

최근 코로나19 사태로 개학이 연기되면서 자녀 때문에 골치 아프다는 부모들의 이야기를 많이 듣는다. 밤늦게까지 게임을 하거나 SNS로 친구들과 노닥거리다가 잠들어서는 점심 무렵이 되어서야 부스스하게 일어나는 아이를 어쩌면 좋겠냐고 하소연하는 부모도 있다. 불규칙한 생활이 지속되고 학습에 결손이 생길까봐 불안해한다. 이 시간 다시 한번 기도하길 원한다. "우리 아이들이 정신을 바짝 차리게 해주시고 오히려 이런 기회를 통해 영적인 정체성을 세우게 도와주옵소서." 앞으로 인생에서 바벨론과도 같은 상황을 만나게 될지라도 함께 마음을 모아 가정에서 기도하기를 권면한다. "주여, 우리를 붙잡아주셔서 다르게 사는 용기를 가지고 하나님의 사람으로 쓰임받게 해주옵소서."

중고등부 때까지는 예수님을 잘 믿다가 대학에 들어가서는 주님을 등지고 신앙생활을 하지 않는 자녀가 얼마나 많은지 모른다. 참으로 안타까운 일이 아닐 수 없다. 이런 상황 속에서도 특별히 기도를 부탁드리고 싶은 분들이 있다. 바로 주일학교 사역자와 교사들이다. 참으로 소중한 부르심에 따라 귀한 직분을 맡은 분들을 우리 주님의 이름으로 축복한다.

이 땅의 모든 믿음의 가정마다 피 묻은 생명의 복음이 다시 한번 확인되도록 주께서 도와주시기를 기도한다. 우리 자녀들이 복음의 전사가 되어 한국교회에 성령의 계절이 돌아오게 하는 데 쓰임받기를 바란다. 그들은 충분한 역량이 있는 세대라고 확신한다.

코로나19 사태로 잠시 위기를 겪고 있지만 우리는 이 상황을 멋지게 반전시킬 수 있다. 오히려 이번 일을 통해 복음의 역사를 새롭게 펼칠 수 있다.

바벨론은 저주가 아닐 수 있다

성도가 바벨론 같은 환경에서 정체성을 지키려고 할 때 험난한 도전이 찾아온다. 그런데 다니엘이 겪었던 치열한 영적 도전의 결과는 어떻게 되었는가? 정체성을 잘 지키면 귀한 영향력을 끼치는 삶을 살게 된다.

> 하나님이 이 네 소년에게 학문을 주시고 모든 서적을 깨닫게 하시고 지혜를 주셨으니 다니엘은 또 모든 환상과 꿈을 깨달아 알더라(단 1:17).

다니엘은 당시 세계를 호령하던 바벨론에서 최고의 학문 수준까지 도달한 인물이 되었다. 바벨론은 절대 강국으로 군림하던 앗수르를 멸망시킨 신흥강국이었다. 상당 부분의 영토가 겹쳐 동일한 지역 배경을 가졌다고 평가받는 두 나라는 '앗수르바니팔'이라는 당시 세계 최고의 도서관을 가지고 있었다. 그 도서관을 바벨론

함께 재건: 말씀, 고난에 답하다

이 점령하고 접수했던 것이다. 도서관에 소장된 방대한 책들을 통하여 바벨론 지배층은 사회 개혁, 점성술, 수학, 천문학, 언어와 신화, 지리 등 다양한 분야의 지식을 흡수하고 통달할 수 있었다.

신앙의 정체성이 도전받았을 때 다니엘을 비롯한 세 친구는 결코 타협하지 않고 우상숭배를 단호하게 거부했다. 그러나 그 외의 세상 지식은 스펀지처럼 빨아들여 자신의 자산으로 삼았다. 그 결과 그들은 소위 '바벨론 로열 아카데미'를 최우등으로 졸업했다. 훗날 국정 운영 전반에 걸쳐 엄청난 영향력을 끼칠 수 있는 학문적 준비를 마친 것이다. 신앙의 정체성 위에 쌓은 탄탄한 학문, 그에 더해 하나님이 주신 분별과 영성의 능력까지 갖춘 그들은 직속상관이었던 환관장에게 영향을 끼쳤다. 이후 가장 높은 사람인 바벨론 왕에게 영향을 끼쳤고 다음세대에게 특별한 영감을 주었다. 오늘날 다니엘서를 읽는 세대와 앞으로 올 모든 세대에게 영향을 끼치는 놀라운 결과를 가져왔다.

그렇다. 바벨론은 저주가 아닐 수 있다. 성경을 보면 비록 포로 신세였지만 위대한 일을 한 인물들을 찾아볼 수 있다. 다니엘, 에스라, 느헤미야, 에스더 등이다. 그들은 수치스럽고 경멸당하는 생활을 감내하며 살았다. 그런 생활 속에서도 하나님 앞에서 정체성을 확고하게 했을 때 어떤 일이 벌어졌는가? 에스더는 식민지 출신이었지만 제국의 황후가 되었다. 느헤미야는 포로였지만 황실 근위대를 움직일 만큼 영향력 있는 관원장의 자리까지 승진했다. 하나님이 우리에게도 이런 영향력을 허락해주시길 바란다.

좋은 영향력은 선명한 정체성에서

정체성의 시험이 왔을 때 어떻게 할 것인가? 다니엘처럼 나라를 잃고 바벨론 같은 세상에서 고난을 만났을 때 우리는 어떻게 해야 하는가? '하필 왜 내가 이런 일을 겪게 되었나?' '내가 왜 이렇게 비참한 나라에 태어났지?' '왜 이런 부끄러운 환경에 빠지게 되었지?' 이런 식으로 수동적으로 반응하면서 '헬조선' 운운하며 남 탓만 하다 끝날 수도 있다. 또한 충동적으로 반응할 수도 있다. 감정부터 앞세우면서 모두를 향해 삿대질을 퍼붓거나 열심당원처럼 칼 들고 나가서 데모하고 사람을 해하며 폭력을 휘두르기도 한다.

그러나 우리는 이런 식으로 반응하면 안 된다. 다니엘처럼 선한 영향력을 끼치는 존재가 되어야 한다. 우리에게도 좋은 모델이 있다. 손양원 목사는 기독교에서 말하는 사랑이 무엇인지 전 생애에 걸쳐 보여주며 '사랑의 원자탄'으로서 영향력을 끼쳤고, 장기려 박사 덕분에 소외당했던 수많은 사람이 의료의 혜택을 입어 기독교적 섬김이란 무엇인지 널리 알려졌다. 가나안농군학교의 김용기 장로를 통하여 수많은 사람이 의식 혁명을 경험해 훗날 새마을운동의 원초가 되기도 했다.

함께 재건: 말씀, 고난에 답하다

다니엘처럼 우리도 정체성을 뒤흔드는 위기 앞에서 품격을 지켰으면 한다. 위기는 정체성을 재점검하는 기회다. 규칙적인 기도를 통한 거룩한 훈련을 멈추지 말자. 영적인 기백과 군기가 흐트러지지 않도록 성령의 도우심을 구하자. 자녀에게 대를 이어갈 신앙의 정체성이 굳게 세워지도록 독려하자. 우리도 안성수양관과 제천기도동산을 코로나 바이러스 경증 환자들의 수용 시설로 제공했다. 이 사회에 선한 영향력을 끼치는 통로가 되기를 바란다. 어려운 상황 속에서도 모든 영광을 하나님께만 돌리게 되길 기도한다. 인생의 GPS가 되어 주시는 하나님께 나의 모든 위치와 미래 행로를 맡기고, 매 순간 주님의 인도하심을 따라가자.

———

고통스러운 바벨론적 상황에 처한다 해도
다니엘처럼 뜻을 정하여
'절대적인 신앙 정체성'으로 무장하게 하시고
'다르게 사는 용기'를 주셔서
'신앙의 품격'을 지키게 하옵소서.

제4장

영향력

사막에는
오아시스가 있다

1 많은 날이 지나고 제삼년에 여호와의 말씀이 엘리야에게 임하여 이르시되 너는 가서 아합에게 보이라 내가 비를 지면에 내리리라 2 엘리야가 아합에게 보이려고 가니 그때에 사마리아에 기근이 심하였더라 3 아합이 왕궁 맡은 자 오바댜를 불렀으니 이 오바댜는 여호와를 지극히 경외하는 자라 4 이세벨이 여호와의 선지자들을 멸할 때에 오바댜가 선지자 백 명을 가지고 오십 명씩 굴에 숨기고 떡과 물을 먹였더라 5 아합이 오바댜에게 이르되 이 땅의 모든 물 근원과 모든 내로 가자 혹시 꼴을 얻으리라 그리하면 말과 노새를 살리리니 짐승을 다 잃지 않게 되리라 하고 6 두 사람이 두루 다닐 땅을 나누어 아합은 홀로 이 길로 가고 오바댜는 홀로 저 길로 가니라 7 오바댜가 길에 있을 때에 엘리야가 그를 만난지라 그가 알아보고 엎드려 말하되 내 주 엘리야여 당신이시니이까 8 그가 그에게 대답하되 그러하다 가서 네 주에게 말하기를 엘리야가 여기 있다 하라 9 이르되 내가 무슨 죄를 범하였기에 당신이 당신의 종을 아합의 손에 넘겨 죽이게 하려 하시나이까 10 당신의 하나님 여호와께서 살아 계심을 두고 맹세하노니 내 주께서 사람을 보내어 당신을 찾지 아니한 족속이나 나라가 없었는데 그들이 말하기를 엘리야가 없다 하면 그 나라와 그 족속으로 당신을 보지 못하였다는

맹세를 하게 하였거늘 11 이제 당신의 말씀이 가서 네 주에게 말하기를 엘리야가 여기 있다 하라 하시나 12 내가 당신을 떠나간 후에 여호와의 영이 내가 알지 못하는 곳으로 당신을 이끌어가시리니 내가 가서 아합에게 말하였다가 그가 당신을 찾지 못하면 내가 죽임을 당하리이다 당신의 종은 어려서부터 여호와를 경외하는 자라 13 이세벨이 여호와의 선지자들을 죽일 때에 내가 여호와의 선지자 중에 백 명을 오십 명씩 굴에 숨기고 떡과 물로 먹인 일이 내 주에게 들리지 아니하였나이까 14 이제 당신의 말씀이 가서 네 주에게 말하기를 엘리야가 여기 있다 하라 하시니 그리하면 그가 나를 죽이리이다 15 엘리야가 이르되 내가 섬기는 만군의 여호와께서 살아 계심을 두고 맹세하노니 내가 오늘 아합에게 보이리라(왕상 18:1-15).

메시지의
핵심을 담은
3분 영상

오스트레일리아에 사는 한 여성이 코로나19 사태가 심상치 않은 것을 보고 위기감을 느꼈다. 주변에서 식료품을 비롯한 생활용품을 마구 사들이자 화장지는 꼭 필요하다는 생각에 48롤이 담긴 1상자를 주문했다. 그런데 화장지가 도착한 날 그녀는 깜짝 놀랐다. 집 앞에 화장지 48상자, 낱개로는 자그마치 2,304롤이 놓여 있었기 때문이다. 이는 한 사람이 12년 동안 쓸 수 있는 분량이다. 자초지종을 따져보니 급한 마음으로 서두른 탓에 주문 과정에서 '48롤'이 아니라 '48상자'를 입력한 것이었다. 그 소식을 접하면서 우리에게 정말 분별력이 필요하다는 생각이 들었다.

사실 이런 상황은 누구에게나 찾아온다. 이번 사태에 맞닥뜨렸을 때 '국가가 해결해주겠지', '제도가 해결해주겠지' 하며 수동적으로 움직인 국가들은 모두 심각한 위기를 겪고 있다. 감사하게도 한국은 비교적 차분하다. 사재기도 없고 강제로 통제하지 않아도 사회적 거리 두기 정책을 자발적으로 따랐다. 한국인의 마스크 착용률이 90퍼센트 이상이라는 조사 결과도 있다. 덕분에 세계가 놀랄 만한 속도로 코로나19 사태를 이겨내기 시작했다. 우리 한 사람, 한 사람이 어떤 분별력을 가지고 방향을 잡느냐에 따라 상황이 안정되기도 하고 위기에 빠지기도 하는 것이다.

하나님은 한 사람의 선한 영향력으로 글로벌 문제를 해결하기도 하신다. 하나님이 어떤 문제를 다루실 때 전체 틀을 먼저 해결하신 다음 그 안에 있는 개인의 문제를 해결하시는 것이 아니다. 먼저는 한 사람에게 있는 분별력과 영향력을 사용하신다. 깨어 있고 상황을 주도할 만한 개인에게 먼저 분별력을 주신 후 공동체 전체의 문제를 해결하는 길을 열어가신다.

그 '한 사람'을 선택하시다

창세기는 "여호와께서 사람의 죄악이 세상에 가득함"을 보셨다고 말한다(창 6:5). 그렇다면 죄악으로 가득한 이 세상을 바로잡기 위해 하나님은 어떻게 하셨는가? 그분의 방법은 단순했다. 바로 노아라는 '한 사람'을 선택하는 데서 시작하셨다.

바벨탑 사건으로 온 세상에 큰 혼란이 왔다. 그때 하나님은 문제를 어떻게 해결하셨는가? 바벨탑 사건 후에 아브라함이 등장한다.

하나님은 그를 선택하시고 하나님의 백성이 시작되도록 거대한 역사를 주관하셨다. 이처럼 하나님의 역사는 언제나 하나님이 택하신 '한 사람'으로부터 시작된다. 한 사람을 통해 전체에 영향력을 끼치게 하시고, 한 사람을 통해 글로벌 문제까지 해결되도록 이끄시는 분이 우리 하나님이다.

시곗바늘을 고대 이집트로 맞춰보자. 당시 세계적인 제국이었던 이집트에 혹독한 가뭄이 찾아왔다. 이집트뿐 아니라 북아프리카와 근동 모든 지역이 극심한 기근에 시달렸다. 한두 해도 아닌 7년 동안 비 한 방울 내리지 않았다. 이때도 하나님의 선택은 '한 사람'이었다. 형들의 시기와 질투로 난데없이 노예가 되어 타국으로 팔려 간 청년 요셉이 주인공이었다. 한 사람의 영향력을 사용하사 7년의 풍년 동안 곡식 창고를 준비시키신 후, 이어진 7년의 대기근 동안 수많은 민족의 곤궁함을 해결하게 하셨다.

교회 역사를 보아도 마찬가지다. 하나님은 존 칼빈이나 마르틴 루터를 통해 극적인 전환점을 마련하셨다. 그 '한 사람'을 통해 중세의 영적인 어둠이 걷히도록 역사하셨다. 근대 영국과 미국에서도 마찬가지다. 윌리엄 윌버포스와 에이브러햄 링컨을 통해 노예제도의 폐지를 이끄셨다. 마틴 루터 킹 목사의 영향력으로 흑인 인권이 새롭게 조명 받고 인종차별 문제 해결의 실마리가 보이기 시작했다. 디트리히 본회퍼 목사를 통해 독일이 영적 침체에서 회복되는 전기를 맞이했다. 독일 역사의 큰 암흑기에 양심의 불씨가 살아나게 된 것이다. 주기철 목사, 손양원 목사를 통해 한국교회의 순교적 신앙이 살아 숨 쉬고 있다. 그렇다. 한 사람이다.

코로나19 사태 때문에 앞으로 교회와 예배의 모습이 어떻게 될 것인가 고민하며 한국교회의 앞날을 걱정하는 분들이 적지 않다. 그러나 오늘 가정에서 드리는 온라인 생중계 예배, 안아주심의 본당에서 교회를 대표하여 중직자들이 드리는 예배를 통해 한 사람이 일어설 것을 확신한다. 여전히 하나님은 '한 사람'을 찾고 계신다. 한 사람이 정신을 차리면 어마어마한 일이 일어나기 때문이다.

하나님의 히든카드

열왕기상 14장부터 16장까지는, 다윗과 솔로몬 이후 유다 왕국을 물려받은 르호보암의 후손과 이스라엘을 분열시켜 왕위에 오른 여로보암의 후손 이야기가 펼쳐진다. 그리고 17장에 들어서면서 전격적으로 선지자 엘리야가 등장한다.

> 길르앗에 우거하는 자 중에 디셉 사람 엘리야가 아합에게 말하되 내가 섬기는 이스라엘의 하나님 여호와께서 살아 계심을 두고 맹세하노니 내 말이 없으면 수년 동안 비도 이슬도 있지 아니하리라 하니라(왕상 17:1).

그는 이전부터 활동하던 선지자였는데, 북이스라엘 왕국을 다스리는 희대의 악한 왕 아합에게 3년 동안 기근이 있을 것을 경고하며 등장한다. 악한 왕의 계보를 이은 아합과 이스라엘 백성이 우상을 숭배하고 하나님을 떠난 결과 대기근이라는 징벌을 받게 되었다. 이는 악한 지도자 때문에 생긴 현상이었다. 곡식 창고가 바닥나고, 물 한 통이 금값이 되고, 곡식은 자라지 못하고, 밭은 갈색으로 변하고, 땅은 쩍쩍 갈라지고, 당나귀와 말은 쓰러지고, 젖소는 젖을 내지 못했다. 가난한 사람부터 굶어 죽는 상황이 되었다. 이런 기근과 어려움이 오면 부자들은 알아서 견딘다. 하지만 가진 것 없는 사람들은 훨씬 힘들어진다.

하나님은 엘리야를 보내셔서 사르밧 과부, 약자, 힘없는 자들을 돕게 하신다. 징벌을 내리시는 가운데에도 긍휼을 멈추지 않으시는 목자의 심정이 나타난다.

뒤이어 열왕기상 18장 1절을 보면 하나님께서 드디어 엘리야에게 말씀하신다. "너는 가서 아합에게 보이라 내가 비를 지면에 내리리라." 이런 난국에서 한 남자가 역사에 등장한다. "아합이 왕궁 맡은 자 오바댜를 불렀으니 이 오바댜는 여호와를 지극히 경외하는 자라"(3절).

오바댜는 궁내 대신이었다. 궁내 대신은 최고 지도자의 최측근이다. 오늘날로 말하면 대통령 비서실장 정도의 직책이었다. 그러니까 아합 같은 엉터리 왕이 있어도 오바댜 같은 출중한 사람들 덕분에 나라가 망하지 않았던 것이다. 보이지 않는 자리에서 묵묵히 영향력을 끼치며 자기 자리를 지킨 사람들 덕분에 나라가 지탱되는 법이다.

아합이 얼마나 못된 왕이었는지 성경은 여러 차례 강조한다. "오므리의 아들 아합이 그의 이전의 모든 사람보다 여호와 보시기에 악을 더욱 행하여"(왕상 16:30). 악의 종합세트 같은 인생이었다. "또 아세라상을 만들었으니 그는 그 이전의 이스라엘의 모든 왕보다 심히 이스라엘 하나님 여호와를 노하시게 하였더라"(왕상 16:33). 이스라엘 왕국을 맡겨주었더니 아세라상을 만들고 있었다. 이전의 악한 왕들을 다 모아놓은 것보다 더 악질이었다. 그 정도였으니 이스라엘이 초토화가 될 때까지 망가져도 회개할 생각이 없었다. 그런 상황에서 하나님은 오바댜를 예비하셨다.

"오바댜는 여호와를 지극히 경외하는 자라"(3절). 오바댜는 한마디로 여호와 하나님을 지극히 경외하는 인물이었다. 이는 그의 고백에서도 잘 나타난다. "당신의 종은 어려서부터 여호와를 경외하는 자라"(12절). 우리가 어릴 때부터 하나님을 경외하는 가정의 전통을 세워나갈 수 있기를 간절히 바란다. 자녀 세대가 어려서부터 여호와를 경외하는 훈련이 되어 있다면 한국교회의 영적 영향력은 단절 없이 계승될 것이다.

사막에는 오아시스가 있다

이렇게 어려서부터 하나님을 지극히 경외했던 오바댜가 왜 하필 아합이라는 희대의 악당 밑에서 궁내 대신을 맡게 되었을까? 여기서 인생을 다루시는 하나님의 경륜이 드러난다. 이전 왕들의 악을 모아놓은 것보다도 더 많은 악을 쌓은 아합에게는 악명 높은 아내가 있었다. 남편 아합보다 절대 덜하지 않은 여인 이세벨이다. 부창부수라고 했던가? 이세벨은 지금도 악독한 여자의 대표격으로 통한다. 잔혹하고 전갈 같은 여자였다. 시돈 군주의 딸로 태어나 아합에게 시집을 왔는데, 시돈 땅의 우상들을 죄다 가지고 와서 온 이스라엘을 우상으로 뒤덮은 당사자였다. 갈멜산에서 바알의 선지자 450명, 아세라의 선지자 400명, 도합 850명과 단신으로 맞붙어 승리할 정도로 강골이었던 엘리야조차 이세벨 때문에 벌벌 떨며 광야로 도망쳤다.

이토록 악한 왕과 못된 왕후의 통치로 이스라엘 전체가 오염된 상황 속에서도 어떻게 오바댜는 하나님을 지극히 경외할 수 있었을까? 그것도 궁내 대신이라는 최고위직에 있으면서 어떻게 그럴 수 있었을까?

이토록 어수선한 역사의 한복판에 하나님께서 택하신 한 사람, 오바댜의 역할이 드러난다. "이세벨이 여호와의 선지자들을 멸할 때에 오바댜가 선지자 백 명을 가지고 오십 명씩 굴에 숨기고 떡과 물을 먹였더라"(4절). 이세벨의 대학살이 벌어질 때였다. 오죽 악독한 여자였으면 자기가 시집온 나라의 건국 기준인 율법을 가르치고 왕실에 조언을 아끼지 않던 선지자들을 일거에 싹쓸이할 수 있었을까? 얼마나 잔혹하고 철저하게 죽였던지, 오바댜는 선지자 백명의 목숨을 구하고자 각각 오십 명씩 굴에 숨기고 떡과 물을 먹여야 했다. 상황이 그 지경이었으니 다른 선지자들의 운명은 보나마나였다.

사막같이 황폐하고 고통스러운 이스라엘 왕국 최악의 암흑기에 오바댜는 오아시스와 같은 존재였다. 오바댜는 그 시대의 푸른 감람나무요 물 댄 동산이었다. 그는 은혜의 저수지였고 사역의 병참 기지였다. 우리도 사모하는 마음으로 이 시대에 그렇게 살아가기를 기도한다.

영적 전투병도 필요하고
영적 보급병도 필요하다

이스라엘 왕국 최악의 암흑기에 엘리야가 등장했다. 그리고 동시대에 오바댜도 등장한다. 이것이 영적으로 어떤 의미가 있을까?

하나님 나라 전체를 보면 그분은 한 사람, 한 사람을 통해 일하시는데, 오바댜를 통해서 일하셨고 엘리야도 동시대에 부르셨다.

다양한 사람들의 섬김과 영향력을 다 사용하신 것이다. 하나님 나라에는 엘리야도 필요하고 오바댜도 필요하다. 기능을 분담하여 공의를 세울 일종의 '콤비플레이' 역할을 부여하신 셈이다.

엘리야와 오바댜는 성격이나 스타일 등 삶의 형태가 무척 달랐다. 엘리야는 전형적인 '외로운 투사'형 인물이었다. 그는 최전선에 서서 선봉장으로 싸우는 사람이다. 광야에서 외치며 나아가는 들판의 사람이었다. 엘리야는 그야말로 선지자로 최적화된, 자유로운 영혼의 소유자였다. 엘리야 같은 이는 규칙적인 생활, 즉 위아래로 단단하게 질서 잡힌 왕궁의 환경 같은 규정화된 형태와는 도무지 어울리지 않는 캐릭터다.

반면 오바댜는 어떤 사람이었을까? 그는 전형적인 고위 행정관료로서 '후방지원' 참모형 인물이었다. 뒤에서 돕고 공급하는 사람이었다. 엘리야가 현장형 사람이라면 오바댜는 규칙적으로 절도 있게 일하는 사람이요, 드러나지 않고 조용히 섬기는 사람이다. 온건한 성품으로 앞뒤 상황을 조율하는 섬세한 역할에 적합하다. 엘리야처럼 풍찬노숙이 익숙한 이와는 전혀 다른 캐릭터다.

이렇듯 다른 성향의 두 사람은 처음에 서로를 잘 이해하지 못했다. 그런데 하나님 나라에는 엘리야와 같이 앞장서서 선지자 역할을 하는 영적 전투병뿐 아니라 오바댜처럼 뒤에서 조용히 섬기며 남의 어려움을 감싸주고 보호하는 영적 보급병도 필요하다. 서로 역할을 분담해서 맡아야 공동체가 온전해지는 것이다.

어떤 사회 이슈가 있을 때 선지자 역할은 외치는 것이다. 도전하고 질타하고 책임을 묻는다. 반대로 제사장 역할은 패배하고 고통당하고 아파하는 사람들을 감싸주는 것이다. 소위 목양이다. 오늘날도 이 두 속성이 다 필요함은 물론이다.

우리 공동체에는 둘 중 어떤 성향이 더 많을까? 오바댜 스타일이 훨씬 더 많다. 앞서 나가기보다 뒤에서 돕고, 목소리 높이기보다 차분하게 주위를 살필 줄 아는 성숙한 사람들이다. 이는 교회 공동체가 가진 특별한 장점이라고 믿는다.

주일학교에서 조용하게 교사로 섬기면서 아이들의 이름을 외우고 꾸준히 기도해주고 영향력을 끼치는 분들이 오늘날로 말하면 오바댜라고 할 수 있다. 맡은 영혼들을 위해 기도하며 드러나지 않게 섬기는 평신도 리더들이 오바댜의 성향을 가진 분들이다. 자신의 직업으로 하나님 나라를 실천하려는 그리스도인 의사들, 법률가들, 자신의 위치에서 최선을 다하는 공직자들 그리고 사업가들…, 그런 분들이 이 시대의 오바댜라고 할 수 있다.

시대를 버티고 유지하는 특별한 사명자

엘리야와 오바댜의 시대로부터 약 800년 후로 가보자. 당시 로마제국 치하에서 그리스도인들은 살얼음판을 걷고 있었다. 영적으로 칠흑같이 어두운 시대였다. 폭군 네로의 통치 아래 살던 성도들은 얼마나 불안하고 힘들었겠는가? 빌립보서 4장 22절에 다음과 같은 내용이 있다. "모든 성도들이 너희에게 문안하되 특히 가이사의 집 사람들 중 몇이니라." 즉, 황제숭배를 거부하며 모여서 우상숭배를 한다는 거짓 소문과 박해에 시달리던 상황이었지만, 오바댜처럼 묵묵하게 로마 황제 주변에서 일하면서도 주님을 섬기는 자들이 있었다. 그런 이들의 주의 깊은 활동과 배려, 묵상과 성품을 통해 하나님 나라가 유지된다. 누가 알아주지 않아도 묵묵하게 주님을 섬기는 사람, 자기 자랑 안 해도 묵묵하게 하나님을 경외하는 마음. 이들이야말로 그 시대에 선한 영향력을 끼칠 수 있는 사람들이다. 신학적으로는 이런 사람들이 바로 '남은 자'(Remnant)들이다. 창조적 소수이며 거룩한 그루터기다. 시대를 버티고 유지하는 특별한 사명자라 할 수 있다.

오바댜가 처한 현실은 결코 만만하지 않았다. 희대의 악한 왕 아합과 남편을 넘어서는 악녀 중의 악녀 이세벨 밑에서 일하는 것은 결코 쉽지 않았다. 정의를 부르짖으며 올바르게 살아야 한다고 주장하는 사람의 눈에는 그런 악한 자들 밑에서 일하는 것이 마치 구차하게 빌붙어 목숨을 부지하는 듯이 보일 수도 있다. 정의롭다는 사람들의 비난이 불화살처럼 쏟아질 수 있었다. "왜 그 밑에 계속 있는 거냐?"라는 오해와 비난 속에서도 묵묵하게 자기 역할을 감당하느라 무척 힘들었을 것이다.

오바댜를 통해 우리는 무엇을 배워야 할까? 우상숭배가 만연한 곳에서, 영적 황무지와 같은 곳에서 믿음으로 자기를 지키고 하나님 앞에서 거룩한 그루터기로 사는 모습, 특히 지금처럼 코로나 바이러스 감염증이 유행하고 사회적으로 혼란스러운 상황에서도 오바댜처럼 도망가지 않고 자기 자리에서 최선을 다하는 모습을 보여야 하지 않을까?

한국은 고난 극복의 은사가 있는 나라다. 지금의 사태도 반드시 세계에서 가장 탁월한 모습으로 극복해낼 것이다. 찜질방의 높은 온도를 오히려 즐기는 사람들이 아니던가? 묵묵하게 오바댜의 정신으로 자기 자리에서 철저하게 맡은 역할을 감당하면서 승리를 거두리라 확신한다.

사회적 거리 두기를 넘어서는 창조적 분리

구조적인 악이 존재하는 이 세상에서, 사회의 악한 흐름과 혼란스러운 상황을 거스르며 우리 그리스도인은 어떻게 정체성과 영향력을 유지할 수 있을까?

첫째로, '창조적 분리'가 필요하다. 창조적 분리, 이것은 단순히 사회적 거리 두기 정도의 의미가 아니다. 세상의 유혹과 위협에서 영적인 지조와 절개를 지키는 것을 뜻한다. 세속화된 사회 속에서도 하나님의 자녀다움을 사수하며 거룩한 기품을 지키는 것이다. 다니엘은 자신이 세상에 던져진 존재가 아니라 사명을 완수하라고 보냄받은 존재라는 신앙적 정체성을 명확하게 가진 사람이었다. 그는 우상에게 바쳐진 음식을 거부하면서 자기 정체성을 지켰다.

오바댜는 죄악 덩어리 왕과 악랄한 왕후 밑에서 어떻게 자신을 지킬 수 있었을까? 그는 현실에서 도피하지 않았다. 도리어 자기 자리를 묵묵히 지켰다. 대신 창조적인 분리를 행했다. 자리를 지키는 동시에 이세벨이 여호와의 선지자들을 다 죽이는 가운데서도 선지자 백 명을 구출하여 보호하고 떡과 물을 먹였던 것이다.

'창조적 분리'는 세상에 살되 세상에 물들지 아니하고 그리스도인의 정체성을 지키는 것이다. 세상 속에 들어가 살지만 거기 동화되지 않고 오히려 선한 영향력을 끼친다. 이런 의미에서 세상에 있되 세상에 속하지는 않는다. 세상에 살지만 세상과 구별된 모습을 보이기란 결코 쉬운 일이 아니다.

우리는 세상을 기피하고 꺼리는 존재가 아니다. 도피주의자가 되어선 안 된다. "죄 많은 이 세상 나 어찌 여기 살리이까" 하고는 멀리 산속에 들어가서 혼자 잘 지내라는 의미가 아니다. 결론적으로 창조적 분리는 두려움과 이기주의를 극복하는 것이다. 창조적 분리에 능한 그리스도인은 세상에 동화되지 않는다. 세상에서 도피하거나 세상 문화에 동화되는 것이 아니라, 빛과 소금의 역할을 감당하는 것이 곧 창조적 분리다.

그렇게 하려면 오바댜처럼 어릴 때부터 주님을 경외하는 법을 배워야 한다. 어릴 때부터 신앙 정체성으로 무장해야 한다. 가정예배의 전통을 살려 부모님과 함께, 어른들과 함께 예배드리는 훈련이 잘된 자녀는 21세기의 오바댜가 될 것이다. 자녀가 높은 기준에 자신을 맞추고 창조적 분리를 실천해보도록 격려해주길 바란다. 영적으로 규칙적인 훈련을 반드시 해보아야 한다. 10년 동안 적당히 예수 믿는 것보다 제대로 1년 훈련받는 것이 더 낫다.

거기에 더해 오바댜처럼 실력을 쌓아야 한다. 이번 코로나19 사태 이후 한국은 디지털 변혁(Digital Transformation)이 빠르게 촉진될 것이다. 이를 위해 영적인 면역력을 높여야 되고 또 동역자들이 서로 격려하며 돕는 분위기를 형성해야 한다. 특히 주일학교, 온라인 사역, 그중에서도 다락방을 체계적으로 나누어 교육하고, 4차 산업혁명 시대를 영적으로 어떻게 주도할 것인가 고민하며 지금부터 변화를 시도해야 한다.

강력한 전투력을
비폭력적으로 표현할 줄 아는 사람

둘째로, '전투적 비폭력'의 자세로 임해야 한다. 전투적 비폭력이란 도전에 직면하면 높은 전투력으로 맞대응하면서도 난폭한 저항이 아니라 비폭력으로 대응하는 것을 의미한다. 세상의 악에 대해 전투적으로 대항하되 비폭력으로 이기는 것이다.

"바알을 숭배하라, 우상을 섬겨라, 여호와의 선지자들을 다 죽여라" 하는 왕과 왕후의 명령에 오바댜는 강력하게 저항했다. 대신 폭력으로 싸우지 않고 따로 굴속에 선지자들을 감추어 보호하는 방법을 선택했다. 한번 생각해보자. 서슬 시퍼런 아합과 이세벨을 가까운 거리에서 보좌해야 하는 궁내 대신 신분이었던 오바댜의 고민이 얼마나 깊었을까? 아무리 등잔 밑이 어둡다고 해도 왕과 왕후 곁에서 일하는 고위직 입장에서 오랜 기간 들키지 않고 100여 명의 사람들에게 먹을 것을 공급하는 일은 아무나 할 수 있는 일이 아니다. 이 정도의 주도면밀함과 신속 정확한 추진 능력이 있다면 폭력적인 방법을 조직하고 행사할 수도 있었다고 봐야 한다. 가령 암살단을 조직해서 아합과 이세벨을 하루아침에 저세상으로 보낼 수도 있었을 것이다. 그 정도 실력 행사는 마음만 먹으면 결행할 수 있는 오바댜였다.

그러나 그는 그렇게 하지 않았다. 시종일관 비폭력의 자세를 견지하면서 선지자들을 숨기고 하나님의 사람들을 보호했다. 마치 영화 〈쉰들러 리스트〉의 한 장면처럼 갈멜 지역에 있는 동굴에 숨기고 매일 먹을 것을 공급했다. 대단히 전투적이면서도 철저하게 비폭력적이었다. 만약 발각된다면 오바댜 본인과 일가가 몽땅 멸족을 당할 수도 있었다. 생명 걸고 결단한 일이었다.

이 땅에 살다 보면 그리스도인으로서 신앙 양심에 상반되는 도전을 받을 때가 있다. 거짓말을 강요당한다든지, 뇌물로 회유를 당한다든지, 혹은 공동체의 단결을 위한답시고 2~3차 폭음을 하도록 강요받는다든지, 비양심적 거래의 유혹을 받는다든지, 더러운 장사를 해야 하는 등의 노골적인 불의와 마주칠 때가 온다. 그럴 때마다 영적인 전투력을 가지고 담대하게 맞서야 할 줄로 믿는다. 어디까지나 철저히 비폭력적인 방법으로만.

신약성경의 인물 중에서 전투적 비폭력의 대표주자가 누구일까? 여러 명이 있겠지만 그중에서도 아리마대 요셉을 빼놓을 수 없다. 그는 예수님을 섬긴다는 사실이 탄로날까 봐 두려워 본인이 드러나는 것을 꺼렸다. 요한복음 19장에 보면 유대인들이 두려워 자신이 예수님의 제자임을 숨긴 사람이었다. 그랬던 그가 성령으로 변화되고 영적 전투력을 갖춘 다음 변화된 모습을 보여준다. "아리마대 사람 요셉이 와서 당돌히 빌라도에게 들어가 예수의 시체를 달라 하니 이 사람은 존경 받는 공회원이요 하나님의 나라를 기다리는 자라"(막 15:43).

유대인이며 공회원이었던 그는, 예수님을 따르는 것을 종교 지도자들에게 들켜 왕따라도 당하면 어떻게 하나 걱정하던 사람이었다. 그러나 성령의 역사로 변화를 체험한 후 완전히 다른 사람이 되었다. 강력한 전투력을 비폭력적으로 표현할 줄 아는 당돌한 사람으로 바뀌었다.

"당돌히 빌라도에게 들어가." 부사가 참 절묘하다. '당돌히'는 영어로 'boldly'다. '담대하게', '용기 있게'라는 뜻이다. 하나님의 일에 대해서 그리고 우리의 정체성 문제에 직면할 때에는 담대하고 용기 있게, 때로는 당돌할 정도로 확실하게 행동해야 한다. 우상을 섬기느냐 아니면 하나님을 섬기느냐의 선택 기로에 선다면 아리마대 요셉이 그랬던 것처럼 당돌하게 비폭력을 행사하는 것이 진정한 승리를 거두는 유일한 방법이다. 난폭한 행동은 부작용만 낳을 뿐이다. 우리가 하나님의 백성임을 잊지 말고, 당당하지만 온유하게 행동하자.

자부심을 갖고, 거룩한 전투력을 회복하라

우리는 천국 소망, 즉 하나님의 나라를 기다리는 데 소망을 둔 사람들이다. "하나님의 나라를 기다리는 자라"(막 15:43). 우리는 하나님의 나라를 위해 거룩한 전투력을 행사하는 자들이다. 근본적으로 세상은 하나님께 속한 것이라는 사실을 잊지 말자.

지금 교회와 성도를 공격하는 사람이 많다. 이런 분위기에 주눅이 들어 그리스도인으로서 정체성과 선한 영향력을 발휘하지 못하는 젊은이들도 있다. 그러나 잊지 말자. 한국교회가 어떤 교회인가? 신앙의 선배들이 어떤 분들인가? 솔직히 말해서 대한민국에 한국교회만큼 도덕성을 갖춘 공동체가 있는가? 성적으로, 도덕적으로 타락한 문화 속에서 교회만큼 거룩하게 살고자 몸부림치며 정직하게 살려고 노력하는 곳이 있는가? 한국교회처럼 자녀를 제대로 키우려고 힘쓰는 공동체가 또 있는가? 한국교회만큼 사회적인 어려움이 있을 때 봉사하는 단체가 많은가? 위축되지 말고 이런 부분에 대해서 당당하게 임해야 할 것이다.

주님 앞에서 회개할 것은 회개하고, 우리 자신을 돌아보고 정화해나가며, 모든 도전 앞에서 "한국교회여 일어납시다! 교회의 젊은이들이여 일어납시다! 거룩한 전투력을 회복합시다!"라고 선포할 때다. 물론 모든 일에 비폭력으로 임해야 한다. 교회가 도와야 할 분들을 잘 돕고, 공공재 역할을 잘 감당하며, 공공신학을 실천해야 할 것이다. 그렇게 할 때 이 시대에 우리에게 허락된 선한 영향력을 다시 한번 회복하게 될 것을 확신한다.

21세기의 오바댜

고대 근동 사회에서 여자가 할 수 있는 일은 별로 없었다. 하나님께서는 한나가 생명을 건 기도를 하게 하셨다. 그녀의 간절한 기도를 통하여 사무엘을 허락하신 것이다. 또 한 사람, 이방 여인으로 천대받고 멸시받던 룻을 세우셔서 다윗의 증조모가 되게 해주셨다. 그리고 사무엘과 다윗의 만남으로부터 위대한 다윗왕과 유다 왕국이 탄생했다. 가진 것이 없어서, 나이가 어려서, 여자라서, 아직 믿음이 약하다고 생각해서 자신을 하찮게 보는가? 나서기 싫고 부딪히기 싫어서 회피하고 있는가? 나 한 사람의 선한 영향력을 믿고 창조적 분리와 전투적 비폭력의 자세로 나아갈 때 성경 속 인물의 삶이 그저 좋은 이야기로만 끝나는 것이 아니라 지금 내 삶에도 동일하게 펼쳐질 것을 잊어서는 안 된다.

출애굽기 1장에는 히브리 산파 십브라와 부아가 등장한다. 대제국 이집트에서 노예로 살아간 이스라엘 백성만큼 암울함에 떤 사람들을 찾기도 힘들 것이다. 장장 400년 넘게 노동력을 착취당하고 아무런 문화유산도 남기지 못했다. 자유를 빼앗긴 채 채찍에 맞아가면서 일만 해야 했다. 그런 상황에서도 자녀를 많이 낳았다. 이스라엘의 인구 증가를 두려워했던 바로는 끔찍한 명령을 내린다. "이스라엘 신생아 중에 남자 아기들을 다 죽여라." 그런데 하나님은 십브라와 부아라는 두 히브리 산파들에게 지혜와 용기를 불어넣으셨다. 결국 그렇게 해서 모세가 살아남았다. 십브라와 부아, 그다지 익숙한 이름은 아닐 것이다. 하지만 두 여인을 통해 모세가 보호를 받았고 출애굽의 역사는 시작되었다. 하나님 나라는 '그 한 사람'에 의해 세워져간다.

'난 아무것도 아니다'라는 패배주의에 젖지 말자. 우리는 21세기의 십브라와 부아가 될 수 있고, 한나와 룻이 될 수 있다. 하나님은

함께 재건: 말씀, 고난에 답하다

우리를 오바댜처럼 쓰실 수도 있다. 우리의 목표는 창조적 분리, 전투적 비폭력 그 자체가 아니라 이를 통하여 하나님 나라를 담대히 세우는 것이다.

교회는 건강한 역사의식, 건강한 애국심, 건강한 복음 신학을 가지고 선한 영향력을 발휘하는 전진기지가 되어야 한다. 하나님의 은혜에 사로잡힌 21세기의 오바댜들이 많이 나오기를 바란다. 그리하여 우리를 통해 하나님 역사가 기록되기를 예수 그리스도의 이름으로 소망한다.

———
'한 사람'의 선한 영향력을 통해
공동체의 문제를 해결하시는 주님,
시대의 아픔에 '창조적 소수'로
당돌히 헌신하게 하시고,
창조적 분리와 전투적 비폭력 자세로
악한 세상을 이기게 하옵소서.

함께 재건: 말씀, 고난에 답하다

제5장

신뢰

질문이 달라진다

12 사랑하는 자들아 너희를 연단하려고 오는 불 시험을 이상한 일 당하는 것같이 이상히 여기지 말고 13 오히려 너희가 그리스도의 고난에 참여하는 것으로 즐거워하라 이는 그의 영광을 나타내실 때에 너희로 즐거워하고 기뻐하게 하려 함이라 14 너희가 그리스도의 이름으로 치욕을 당하면 복 있는 자로다 영광의 영 곧 하나님의 영이 너희 위에 계심이라 … 19 그러므로 하나님의 뜻대로 고난을 받는 자들은 또한 선을 행하는 가운데에 그 영혼을 미쁘신 창조주께 의탁할지어다(벧전 4:12-14, 19).

메시지의
핵심을 담은
3분 영상

함께 재건: 말씀, 고난에 답하다

코로나19 사태가 심각해지면서 한국뿐 아니라 전 세계에 두려움이 강하게 엄습하고 있다. 이탈리아에서 들려오는 희생자들 소식에 안타까워하던 것도 잠시, 어느새 영국과 프랑스를 넘어 미국도 확진자와 사망자가 기하급수적으로 늘기 시작했다. 뿐만 아니라 잘못된 정보에 휩쓸려 그릇된 판단이나 어려움을 겪는 '인포데믹'(Infordemic, '정보'를 뜻하는 'Information'과 '유행병'을 뜻하는 'epidemic'의 합성어) 현상도 급증하고 있다. 거짓 정보를 신봉하고, 그릇된 신념과 사상에 빠져 부화뇌동하는 분들이 있다. 지나치게 물질에 집착한 나머지 이런 세태에 휩쓸릴 때도 있다. 심지어 신앙인들 중에도 영혼이 흔들리고 시류에 떠내려가는 사람이 있으니 참으로 안타까운 일이다.

복음의 핵심이 무엇인가? 십자가의 고난과 부활의 영광이 아닌가? 이는 마치 동전의 양면과 같다. 이 어려운 시기를 지나면서 우리 안에 '고난'과 '영광'이라는 두 단어가 완전히 체화되고 영의 눈이 뜨이기를 간절히 바란다. 만세반석과도 같은 복음의 확신 위에서 고난과 영광의 양면성을 깊이 알게 되길 기대한다. 그럴 때 우리 신앙은 새 차원으로 업그레이드될 것이다.

새로운 삶의 방식으로 이끄는 고난

사도 베드로는 어떤 인물인가? 그는 고난과 영광을 동시에 체험한 '수석 사도'였다. 예수님의 수제자로서 한때 부끄러운 일을 했지만 나중에는 하나님의 사람으로 철저히 무장되어 사역했다. 베드로는 고난과 영광을 몸으로 느끼며 체득했다. 베드로전후서에서 그는 고난과 영광을 주요 키워드로 제시한다. ESV(English Standard Version)라는 권위 있는 성경 번역본의 베드로전서를 보면 다섯 장에 걸쳐 '고난'이라는 단어가 17회, '영광'이라는 단어가 10회 등장한다. 베드로전후서 전체로는 '고난'이 18회, '영광'이 14회 등장한다. '고난'과 '영광', 이 두 가지가 베드로전후서의 중요 주제이자 핵심 키워드다.

그러므로 하나님의 뜻대로 고난을 받는 자들은 또한 선을 행하는 가운데에 그 영혼을 미쁘신 창조주께 의탁할지어다(19절).

함께 재건: 말씀, 고난에 답하다

이 말씀은 베드로전서의 노른자와도 같다. 1장부터 4장 18절까지 내용을 요약한 후 결론을 내리는 구절이다. 특별히 3-4장에 나타나는 '고난을 받는 이유가 무엇인가?'라는 주제의 종합적인 결론이 시작된다. 여기에서 '미쁘다'는 '믿을 만하다', '신뢰할 만하다', '한결같다'라는 의미다. 믿을 수 있고 신뢰할 만하며 한결같으신 창조주께 내 삶을 의탁하는 것이다.

한마디로 고난을 통해 우리는 새로운 삶의 방식으로 들어가게 된다. 이것이 고난이 존재하는 이유다. 예수님을 만나기 전에는 전혀 상상하지 못했던 라이프스타일, 그리스도인이 되기 전에 제대로 알았다면 극구 사양했을지도 모르는 새로운 삶의 방식으로 들어가게 한다.

우리가 지금 겪는 이 환난, 한국교회가 당하는 수모와 도전들 그리고 지난 삶의 여정에서 만난 수많은 어려움은 지나고 보면 신앙적으로 새로운 삶의 방식을 갖게 해주시는 것이었다. 새로운 삶의 방식이란 미쁘신 창조주 하나님께 내 삶을 의탁하는 것이다. 신약에서 오직 베드로전서 4장에만 '창조주'라는 표현이 등장한다는 사실이 모든 것을 말해준다.

"태초에 하나님이 천지를 창조하시니라"(창 1:1). 하나님은 창조의 하나님이시다. 삼위일체 하나님이 곧 창조의 하나님이라는 말은 하나님께서 모든 것을 창조하셨으므로 하나님만이 우리 삶의 주권자가 되신다는 의미다.

"땅이 혼돈하고 공허하며 흑암이 깊음 위에 있고 하나님의 영은 수면 위에 운행하시니라"(창 1:2). 원래 세상은 혼돈하고 공허하며 흑암은 깊음 위에 있는 상태였다. 그 안의 인생들 역시 공허하고 좌절을 겪으며 사정없이 흔들린다. 이런 상황에서 성도의 고난은 혼잡하고 비틀거리는 인생에서 벗어나게 해줄 전환점이 된다. 고난으로 비로소 설 자리가 잡히는 것이다. 왜 고난이 오는지, 갈등에 빠지고 힘든 인생을 어떻게 살아야 할지 막막할 때 우리가 선택할 수 있는 유일무이하고 완전한 해답이 있다. 창조주 하나님께 전적으로 우리를 의탁하여 새로운 삶의 방식으로 들어가는 것이다.

질문이 달라진다

우리는 고난과 고통 중에서 "하나님, 내게 왜 이런 고난을 주십니까?"라는 질문을 많이 한다. 이렇듯 "왜?" 하며 따져 묻다가 미쁘신 창조주 하나님을 만나 삶을 의탁하면 놀라운 변화가 찾아온다. 질문이 바뀌기 시작하는 것이다. 고난 중에도 미쁘신 창조주 하나님께 삶을 의탁하고, 혼돈스러운 것이 정리되기 시작하면서 '왜?'(Why)가 아니라 '무엇?'(What)을 묻게 된다.

"왜 내게 이런 고난이 찾아왔을까?"에 집중하다가 "이 고난 속에서 하나님은 무슨 일을 하고 계실까?"를 질문하게 된다. 내 안에 거대한 변화의 초석이 놓인다. 과연 하나님은 나에게 무엇을 하라고 하시는 것일까?

미쁘신 창조주 하나님의 손길을 느끼면서 시작되는 질문의 변화가 더 있다. "이 문제를 해결할 만한 묘수는 어디(Where) 있지?"라며 답을 찾아 헤매던 수준에서 "이 고난 속에서 하나님의 뜻을 어떻게(How) 발견할 수 있지?"로 질문 자체가 바뀐다. 질문이 달라지면서 완전히 새로운 삶의 방식으로 진입한다.

비단 질문만 바뀌는 것은 아니다. 질문의 변화와 함께 태도의 변화도 따라온다. 하나님 앞에 서면 일방적으로 내 이야기만 하던 'To God'의 태도가 변하기 시작한다. 물론 이것이 나쁜 것은 아니다. 하지만 고난을 통과하면서 'From God', 즉 "나의 영혼이 잠잠히 하나님만 바람이여" 하고 하나님의 음성을 듣는 일에 더 집중하게 된다. 미쁘신 창조주 하나님께서 하시는 말씀을 '듣는 자리'로 옮겨가는 것이야말로 으뜸가는 변화다.

내향성 시야가 상향성으로

고난 중에 미쁘신 창조주 하나님께 의탁하는 은혜를 모를 때는 고난이 시작되면 자꾸 안으로 숨으려고만 한다. '내가 어떻게…' 하면서 자꾸 자기 안으로 파고들기만 한다. 가뜩이나 외부적 요인이 대부분인 고난을 만났을 때 속으로만 들어가면 어찌 해결이 가능하겠는가?

하지만 질문의 변화, 태도의 변화가 일어나면 '방향'도 바뀐다. 시야가 변하여 내향성에서 상향성으로, 하나님에 대한 묵상으로 방향이 바뀐다. 육신의 차원에서 하나님의 차원으로 시야가 상승하는 것이다. 육신의 한계에 갇힐 수밖에 없는 인생이 창조주 하나님 차원으로 격이 올라가기 시작한다. 눈을 들어 하늘을 바라보게 되는 것이다.

고난이 다가오면 이전에는 "하나님, 내게 왜 이런 고통을 주십니까? 어떻게 이럴 수가 있습니까?"라며 푸념할 뿐이었다. 그러나 상향성으로 시야가 달라지자 하나님을 묵상하기 시작하면서 '이 가운데 하나님 뜻은 어떻게 나타났는가?'를 보려 한다. '하나님은 선하신가?'라는 문제에 대해 확신을 갖지 못하고, '하나님은 내게 어떤 분이신가?' 하며 받을 것만 계산하던 우리가 바뀐다. "하나님은 미쁘신 창조주시며, 독생자이신 그리스도는 피로 값 주고 우리를 사신 구세주이십니다. 하나님은 그 피로 우리를 바꾸신 사랑의 주님이십니다." 이런 고백이 흘러나온다.

그러므로 이미 다 알지만 복음적으로 다시 한번 확인해야 한다. 신앙이 좋다고 자부하지 말고 복음을 바탕으로 재차 점검해봐야 한다. '하나님은 어떤 분이신가?' 하나님은 영원한 사랑의 하나님이시고, 영원토록 우리 삶을 인도하시는 하나님이시며 우리를 자녀로 삼아주신 하나님이시다. 우리의 시선이 좋으신 하나님께로 향해야 한다. 눈을 들어 하늘을 바라볼 줄 알아야 한다.

힘을 빼야 고수가 된다

희한하게도 신약에 딱 한 번 등장하는 '창조주', 천지를 창조하신 그 하나님께 주권을 드리는 은혜를 깨달으면 삶에 대한 아집과 자아와 고집스러움이 점점 옅어지고 힘 빼기 작업이 시작된다. 차차 내 힘이 빠지면서 하나님의 힘이 들어온다. 드디어 종잡을 수 없었던 고난을 통해 하나님의 찬란한 영광에 눈이 열린다.

운동을 보아도 그렇다. 힘을 빼야 고수가 된다. 수영 초보자는 얼마나 힘을 쓰는지 모른다. 하지만 힘은 힘대로 쓰고 꼬르륵 가라앉는다. 모든 분야에서 초보자는 힘을 빼라는 말을 들어도 어쩔 줄 몰라 한다. 음악도 마찬가지다. 첼로를 잠시 배운 적이 있었다. 나는 힘을 잔뜩 주어 연주하는데 선생님을 보니 힘이 하나도 안 들어가는 것이다.

검도 역시 고수가 되려면 힘 빼기 작업부터 시작한다. 그래서 정면 내려베기나 머리치기를 천 번씩 해야 한다. 힘이 남아 있으면 검을 제대로 쓸 수 없기 때문에 힘이 빠질 때까지 내리치는 연습을 한다. 그렇게 해서 힘이 빠지는 시점부터 진짜 수련이 시작된다. 태

극권 고수 얘기를 들어보니까 자신이 믿고 있는 마지막 힘까지 다 포기하면 그 순간 자연의 신비한 힘이 들어온다고 한다.

세상 이치도 그럴진대 하나님의 원리는 더 분명하다. 그래서일까? 하나님은 우리에게 고난을 통하여 '힘 빼는 훈련'을 시키신다. 이것을 깨달으면 미리미리 영광을 볼 수 있다. 끝까지 고집을 부리면 막판에 후회하게 된다.

야곱을 생각해보자. 그는 강한 성정의 소유자였고 대단히 타산적이었으며 자기 고집, 자기 프레임이 분명했다. 물질 면에서 절대로 손해 보지 않으려 하고 자기 기준이 확고한 사람이었다. 그런데 하나님이 이해할 수 없는 고난을 주셨다. 그토록 아끼고 편애하던 아들 요셉을 잃어버리고 실의에 잠겨 살았는데, 급기야 남은 베냐민마저 잃을 상황이 된 것이다. 막판에 이르니 강고하기 짝이 없던 야곱도 드디어 무너진다. 베냐민을 떠나보내기에 앞서 야곱의 유명한 고백이 등장한다. "잃게 되면 잃으리로다"(창 43:14).

드디어 야곱의 힘이 빠지기 시작했다. 그가 갑자기 인격적으로 성숙해지거나 성화된 것이 아니다. 그저 힘을 뺐을 뿐이다. 포기해야 할 것을 포기했다. 그 순간부터였다. 팔레스타인의 한 족장, 촌부에 불과한 할아버지가 당대 최고의 제국 이집트의 왕 바로에게 안수하며 축복하는 영광을 누리게 되었다. 신앙 안에서만 가능한 경험이다. 고난이 닥쳤을 때 미쁘신 창조주 하나님 앞에 자신을 의탁하면 질문이 바뀌고, 태도가 달라진다. 그렇게 해서 힘을 빼고 여호와 하나님 앞에 나올 때 드디어 새로운 삶이 펼쳐진다. 하나님의 영광에 눈이 열린다.

고난은 이상한 것이 아니다

베드로는 목자의 심정으로 외친다. 안타까움 가득한 목소리로 당부한다. "사랑하는 자들아 너희를 연단하려고 오는 불 시험을 이상한 일 당하는 것같이 이상히 여기지 말고"(12절). 그리스도 예수 안에서 새로운 삶을 살려고 발버둥 치는데 오는 것은 불과 같은 연단이라면 어떻게 해야 하는가?

베드로전서 4장 12절은 이렇게 시작한다. "사랑하는 자들아." 베드로의 가슴 안에 사랑과 긍휼의 마음이 가득하다. 본도와 갈라디아, 갑바도기아와 소아시아 지역에 있는 모든 성도를 향하여 외친다. 목자의 심정, 사랑의 심정, 애끓는 마음으로 성도들에게 권면한다. 말씀을 풀어보면 이런 의미다. "너희를 연단하려고 오는 고난인 이 불 시험을 이상한 일 당하는 것같이 여기지 말라. 그리스도인에게 고난은 이상한 것이 아니다."

'불 시험'은 주후 64년에 폭군 네로가 저지른 것으로 알려진 사건이다. 자기 뜻대로 로마를 완전히 새롭게 건축하기를 원했던 그는 더운 여름철을 골라 불을 질렀다. 두 주 동안 로마는 불바다가 되었다. 큰 골목, 작은 골목 할 것 없이 타다가 불이 꺼질 때쯤 병사들을 시켜서 불을 더 질렀다. 로마가 잿더미가 되자 로마 시민들은 황제를 비난하기 시작했고 네로는 본래 의도대로 정치적 비난의 화살을 예수 믿는 자들에게 돌린다.

당시는 반유대주의가 극심할 때였다. 그리스도인도 유대교의 한 일파라고 여겨 기독교를 핍박하기 시작했다. 예수 믿는다는 이유 하나만으로 사람들을 잡아서 투옥하고, 고문하고, 동물 가죽을 입혀 굶주린 사자에게 먹이로 주고, 몸에 기름을 발라 화형대에 세워 가로등처럼 불을 붙이는 등 불 시험의 가혹함은 형언할 수 없었다.

이런 상황 속에서 베드로가 당부한 것이다. "눈에 넣어도 아깝지 않을 만큼 사랑하는 형제자매들아, 이 불 시험을 너희는 이상하게 여기지 말아라. 오늘의 고난 이후에 하나님의 새로운 영광, 새로운 소망이 너희 것이 된다." 그래서 베드로는 베드로전서 1장부터 하늘의 소망을 강조했던 것이다. 고난 가운데 참된 소망이 무엇인지 깨닫게 된다. 영적으로 새로운 삶은 아이러니하게도 불 시험 중에 다가왔던 것이다.

초대교회 성도들처럼 처절하지는 않아도

고난을 통하여 하나님 앞에서 성화되고 다듬어진다. 고난이 왜 유익인지 더 설명해보자. 우리는 왜 고난을 이상히 여기지 말아야 하는가? 고난을 당하는 자의 머리 위에 영광의 영이 함께하시기 때문이다. 예수 그리스도의 고난을 함께 경험하며 하나님의 마음을 배우고 경험했던 베드로 사도. 그는 고난이 무엇을 가지고 오는지 알고 있었다.

"오히려 너희가 그리스도의 고난에 참여하는 것으로 즐거워하라 이는 그의 영광을 나타내실 때에 너희로 즐거워하고 기뻐하게 하려 함이라"(13절). 한 걸음 더 들어간다. 고난에 참여하는 것이야말로 특권이라는 의미다. 이 땅에서 하나님 영광의 예고편을 맛보게 하신 주님을 찬양한다. 비록 초대교회 성도들처럼 처절하게 불시험을 당한 것은 아니더라도 영적으로 고난의 의미를 충분히 이해할 수 있다. 고난당하는 것을 이상하게 여기지 않고 담대히 임하는 사람에게는 하나님의 영광이 함께하심을 믿는다.

그리스도의 고난이란 바로 십자가의 고난을 말한다. 우리가 당한 고난은 곧 그리스도의 고난에 참여하는 복을 주기 때문에 귀한 것이다. No Cross, No Glory. 십자가 없이는 영광도 없다. 그저 괴로운 것이라고만 여겼던 고난은 우리를 그리스도의 고난에 참여하게 한다. 고난의 핵심인 십자가의 신비를 깨닫는 수준까지 나아가게 한다. 그러니까 즐거워하라는 것이다. 기뻐하고 즐거워하라, 기뻐하고 즐거워하라!

"너희가 그리스도의 이름으로 치욕을 당하면 복 있는 자로다 영광의 영 곧 하나님의 영이 너희 위에 계심이라"(14절). 그리스도의 이름으로 치욕을 당하는 우리에게 말씀하신다. "너희는 복 있는 자다." 고난당하는 하나님의 백성은 모두 복 있는 존재가 된다. 그리스도의 이름으로 고난당하는 자리에서 충성을 아끼지 않을 때 우리는 복 있는 자의 은혜를 누릴 수 있다.

"악행이나 남의 일을 간섭하는 자로 고난을 받지 말려니와"(벧전 4:15). 우리는 자기 정욕이나 탐심으로 화를 자초하는 때가 많다. 악행으로 고난을 스스로 만들어놓고도 무엇을 잘못했는지조차 모른 채 살아간다.

"만일 그리스도인으로 고난을 받으면 부끄러워하지 말고 도리어 그 이름으로 하나님께 영광을 돌리라"(벧전 4:16). "영혼을 미쁘신 창조주께 의탁할지어다"(19절). 이처럼 베드로는 고난에 대해 간결하고 일관되게 서술한다.

영광을 깨달으면 날아오는 돌이 보이지 않는다

"하나님의 영광의 영이 임한다"는 말에는 하나님의 권위(시 145:5), 하나님의 능력(출 15:6), 하나님의 위대하심(시 19:1), 하나님의 영원하심(시 104:31), 하나님의 풍성하심(엡 3:16)이 모두 포함되어 있다. 구약의 관점으로 보면 하나님의 권위, 출애굽기에 나타난

함께 재건: 말씀, 고난에 답하다

하나님의 능력, 시편에 나오는 하나님의 위대하심, 영원하심, 풍성하심, 모두 포함하는 개념이란 의미다.

한편 신약에서 영광에 해당하는 헬라어인 '독사'(δοξα)는 찬양과 경탄, 광휘, 탁월함과 아름다움을 의미한다. 이 아름다움은 세상에 존재하는 것과 차원이 다르다. 하나님의 영광에서 흘러나오는 진정한 의미의 아름다움을 이르는 말이다. 우리가 부르는 찬양 가사 그대로 "찬송과 존귀, 영광과 능력, 부요와 지혜와 힘"을 체험하는 영광을 허락해주시는 것이다.

하나님의 영광이 나와 함께한다는 것은 하나님의 권위와 능력과 위대하심과 영원하심과 풍성하심을 내 것으로 누린다는 의미다. '광휘'(光輝)라는 단어의 의미가 무엇인가? 한자로 '빛 광'(光), '빛날 휘'(輝)를 쓴다. 빛이 나고 탁월하다는 의미다. 이 단어가 예수님의 이름으로 고난당하는 그리스도의 제자에게 영광으로 관을 씌워주시는 장면을 묘사하는 데 쓰였다.

하나님의 영광을 영적으로 깨달은 사람들은 이 땅에서 두려울 것이 전혀 없다. 살아가면서 겪는 고난이 더 이상 고난으로만 다가오지 않는다. '독사'가 몸에 체화된 이들은 비록 부족하고 나약한 인생이라도 하나님 영광에 이미 영안이 열렸기 때문이다. 환경이나 상황도 지나치게 두려워할 이유가 없다. 우리가 코로나 바이러스 감염증의 확산을 막기 위해 마스크를 쓰고 '거룩한 사회적 거리두기'에도 동참하지만 두려워서 그렇게 하는 것이 아니다. 우리는 더 이상 사람이나 환경을 두려워하지 않는다. 고난은 영광의 영이 임하는 통로이기 때문이다. 할렐루야!

다니엘이 사자 굴에 던져졌을 때 그 두려움과 공포는 말로 다 표현할 수 없었다. 그런데 천사가 함께함으로 말미암아 다니엘은 무사히 아침을 맞이한다.

"다니엘의 하나님 앞에서 떨며 두려워할지니 그는 살아 계시는 하나님이시요 영원히 변하지 않으실 이시며 그의 나라는 멸망하지 아니할 것이요 그의 권세는 무궁할 것이며 하늘에서든지 땅에서든지 이적과 기사를 행하시는 이로서 다니엘을 구원하여 사자의 입에서 벗어나게 하셨음이라 하였더라"(단 6:26-27). 당대 최고의 제국을 지배하던 황제는 다니엘의 안위가 너무나도 걱정되고 궁금한 나머지 새벽 댓바람에 사자 굴로 달려갔다. 그러고는 다니엘의 안전을 확인하고서 남긴 고백이다. 다니엘의 하나님께 납작 엎드리면서 하나님의 찬란한 영광, 광휘가 나타난 것을 진심으로 찬송한다. 인생을 주관하시는 하나님, 그분의 고난에 동참할 때 허락하시는 영광은 그 무엇과도 비교할 수 없다.

겉으로 보면 스데반은 실패자요 불행한 자였다. 그런데 "고난당하는 자에게 하나님의 영광의 영이 임한다"라는 표현을 가장 잘 드러내는 증거가 스데반의 최후 순간에 나타난다. "스데반이 성령 충만하여 하늘을 우러러 주목하여 하나님의 영광과 및 예수께서 하나님 우편에 서신 것을 보고"(행 7:55). 스데반은 초대교회의 중요한

지도자 중에서도 젊은 그룹에 속한 리더였다. 묘한 공포 심리에 사로잡힌 군중이 던진 돌에 맞아 생명을 잃었다. 그러나 그는 날아오는 돌을 보지 않았다. 하나님의 영광에 눈이 열려 하늘을 우러러보았다. 그렇게 스데반이 하늘을 볼 때 하나님 우편에 서신 예수 그리스도, 주님의 영광을 직접 확인하게 되었다. 찬송가 610장 후렴처럼 "영광일세 영광일세 내가 누릴 영광일세". 할렐루야!

내가 만든 하나님을 내려놓기까지

성도가 고난을 이상히 여기지 말아야 할 이유가 더욱 분명해졌다. 고난은 그것을 겪는 성도에게 하나님의 영광의 영이 임하는 통로가 되기 때문이다. 고난은 실제로 인생에 엄청난 영향을 끼친다. 허구나 가상이 아닌 실체가 있는 사건과 함께 온다. 특히 예수 믿는 것 때문에 조롱당하고 고난을 겪는 일은 엄연한 현실이다. 마찬가지로 우리가 앞으로 얻을 영광도 실제로 다가올 것이다. 고난이 허구가 아닌 실재라면 성도의 머리 위에 임할 하나님의 영광도 허구가 아니라 실재일 수밖에 없다. 이 영광의 실재를 붙잡을 수 있길 바란다.

"우리가 잠시 받는 환난의 경한 것이 지극히 크고 영원한 영광의 중한 것을 우리에게 이루게 함이니"(고후 4:17). 사도 바울도 이것을 분명하게 깨달았다. "생각하건대 현재의 고난은 장차 우리에게 나타날 영광과 비교할 수 없도다"(롬 8:18). 영광의 무게는 고난의 가벼움과 비교조차 불가능하다는 것이다. 그러므로 우리도 질문을 바꾸어나가자. 'Why'가 아니라 'What'으로. 'Where'이 아니라 'How'로. 내향이 아니라 상향으로 방향을 전환하자.

한마디로 고난을 통해 미쁘신 창조주 하나님을 더 깊이 깨달으면 고난을 통해 진짜 하나님을 만나게 되는 것이다. 내 머릿속으로 제한하고 한정시켜놓은 하나님이 아니라 고난을 통해 참된 하나님을 만나고 그분이 하나님이심을 선포하게 된다.

엘리자베스 엘리엇은 유능한 성경 번역 선교사였다. 20대에 선교사로 헌신한 그녀는 현지인들과 함께 열심히 하나님 말씀을 현지어로 번역했다. 그러던 중 중요한 역할을 맡았던 현지인 조력자가 강도의 총에 맞아 죽는 사건을 겪었다. 뿐만 아니라 강도는 그동안 번역한 모든 자료를 다 훔쳐 달아났다. 전 생애를 투자한 사역의 결과물이 전부 날아간 것이다. 허무하게 느낄 수도 있었지만, 얼마 후에 짐 엘리엇이라는 선교사를 만나 결혼하고 다시 선교 사역을 감당하기 시작했다.

그로부터 얼마 지나지 않아 우리가 아는 비극적인 사건을 만난다. 짐 엘리엇 선교사와 다스 선교사가 아우카족의 창에 찔려 숨진 것이다. 제대로 된 선교를 채 펼쳐보기도 전에 20대의 젊은 선교사가 신혼의 아내를 남겨두고 순교했다. 이처럼 엘리자베스 엘리엇

함께 재건: 말씀, 고난에 답하다

은 전 생애를 투자한 성경 번역 자료를 날려버리고 사랑하는 남편이 원시인들의 창에 찔려 죽는 고난도 겪어야 했다. 이토록 격심한 고난을 겪으면서 내놓은 유명한 고백이 있다. "하나님은 창조주 하나님이시다. 하나님이 내 생각에 따라 움직여주길 요구한다면 창조주 하나님을 영광스러운 보좌에서 끌어내리는 것과 같다."

이후에 엘리자베스 엘리엇은 내가 만든 하나님이 아니라 미쁘신 창조주 하나님의 하나님 되심에 눈이 열리게 되었다. 말로 다 할 수 없는 고난 속에서도 찬란한 하나님의 영광, 그 휘황찬란한 광휘를 체험한 것이다.

'고난 자본'이라는 회복 탄력성

한국교회는 남다른 자산을 보유하고 있다. 다른 나라 성도들은 이해하기조차 어려운 '고난 자본'이 바로 그것이다. 우리는 고난 자본이라는 영성을 갖추고 있다. 고난 자본은 공동체 전체가 함께 고난을 겪고 환난의 과정을 견디고 이겨낸 끝에 얻어낸 민족적 차원의 회복 탄력성과 같다. 이를 통해 하나님의 영광을 바라보는 눈이 열릴 것이다. 모든 성도가 이 고난 자본을 얻어 하나님 영광의 영이 임재하는 체험을 누릴 수 있길 바란다. 교회가 지금의 고난을 잘 이겨내고 하나님의 찬란한 영광을 목도하길 바란다. 하나님의 영광에 압도당하는 공동체가 되기를 간절히 소망한다.

오늘날 한국교회 내에도 안타까운 현상을 발견할 수 있다. 하나님의 영광이 무엇인지를 모르는 분들이 너무 많다는 사실이다. 그냥 책상에 앉아 교회가 이렇다 저렇다 비판하지만, 궁극적인 답을 줄 수 없는 의견에 불과하다. 영적 진실은 그런 데 있지 않다. 현장으로 달려가야 한다. 고난을 통하여 목회도 선교도 하나님의 영광이 무엇인지 직접 확인해야 한다. 그것을 깨달을 때 참된 부흥이 일어난다. 영광의 현장 경험을 내 것으로 만들 수 있어야 한다. 고난에 감추어진 진짜 영광, 즉 고난과 영광의 함수관계를 묵상하여 내 것으로 만들고 소중한 자산으로 가슴에 품자.

뜻밖의 고난 앞에서
'자기부인의 힘 빼기'로 자신을 드릴 때,
사방이 꽉 막힌 세상에서
찬란한 영광의 영으로 임하사
새로운 회복의 길을 열어주옵소서.

은혜를 담은 찬양

길 만드시는 주

· 원제 **Way Maker**
· 작사·작곡 **Osinachi Okoro**

주 여기 함께하시네
나 예배해 나 예배해
이곳에 운행하시네
나 예배해 나 예배해

모든 맘 위로하시네
나 예배해 나 예배해
상한 자 치유하시네
나 예배해 나 예배해

주 여기 역사하시네
나 예배해 나 예배해
죄인을 돌이키시네
나 예배해 나 예배해

눈먼 자 보게 하시네
나 예배해 나 예배해
교회에 새 힘 주시네
나 예배해 나 예배해

새 길을 만드시는 주
큰 기적을 행하시는 주
그는 나의 하나님

그는 약속을 이루시는 주
어둠 속에 빛이 되시네
그는 나의 하나님

비록 내게 보이지 않아도
비록 내게 느껴지잖아도
하나님은 멈추시지 않네
하나님은 새 일 행하시네

함께 재건: 말씀, 고난에 답하다

전 세계 곳곳에서 큰 감격과 은혜를 끼치고 있는 이 찬양은 아프리카 나이지리아에서 '시나크'라는 예명으로 활동하고 있는 복음성가 가수이자 워십 리더 오시나크 오코로의 작품이다. 시나크는 이 곡을 통해 나이지리아에서 복음성가 가수로는 처음이자 전 국민 중에는 세 번째로 유튜브 조회수 100만을 달성했고, 다수의 상을 받았다. 어떤 배경에서 쓰여졌는지는 잘 알려져 있지 않지만, 이 곡은 마이클 W. 스미스와 힐송의 예배 담당 목회자였던 달린 체크, 리랜드 등의 세계적 워십 리더들을 통해서 널리 알려지게 되었다.

주님의 임재를 경험하며, 새 길을 만드시고 기적을 일으키시는 주님을 향한 경배는 수많은 이들의 공통된 고백이다. 많은 성도가 이 찬양을 부르면서 심령에 불이 붙어 하늘의 문이 열리는 것을 경험했고, 심장이 터지는 것 같다는 고백이 줄을 이었다. 하나님은 날마다 우리의 짐을 지고(시 68:19), 항상 일하신다(요 5:17). 그분은 절대로 멈추지 않으신다. 우리가 알지 못하고 느끼지 못할 때도 길을 만들고 기적을 이루시는 분임을 고백한다. 포스트 코로나 시대를 예측할 수 없어 불안해하는 우리에게, 주님은 이미 역사하고 계시며 앞으로 새 일을 행하실 것이라는 확신과 희망을 주는 찬양이다.

제6장

관점

세상과 구별된
역사의 기록자

1 모르드개가 이 모든 일을 알고 자기의 옷을 찢고 굵은베 옷을 입고 재를 뒤집어쓰고 성중에 나가서 대성통곡하며 2 대궐 문 앞까지 이르렀으니 굵은베 옷을 입은 자는 대궐 문에 들어가지 못함이라 3 왕의 명령과 조서가 각 지방에 이르매 유다인이 크게 애통하여 금식하며 울며 부르짖고 굵은베 옷을 입고 재에 누운 자가 무수하더라 4 에스더의 시녀와 내시가 나아와 전하니 왕후가 매우 근심하여 입을 의복을 모르드개에게 보내어 그 굵은베 옷을 벗기고자 하나 모르드개가 받지 아니하는지라 5 에스더가 왕의 어명으로 자기에게 가까이 있는 내시 하닥을 불러 명령하여 모르드개에게 가서 이것이 무슨 일이며 무엇 때문인가 알아보라 하매 6 하닥이 대궐 문 앞 성중 광장에 있는 모르드개에게 이르니 7 모르드개가 자기가 당한 모든 일과 하만이 유다인을 멸하려고 왕의 금고에 바치기로 한 은의 정확한 액수를 하닥에게 말하고 8 또 유다인을 진멸하라고 수산궁에서 내린 조서 초본을 하닥에게 주어 에스더에게 보여 알게 하고 또 그에게 부탁하여 왕에게 나아가서 그 앞에서 자기 민족을 위하여 간절히 구하라 하니 9 하닥이 돌아와 모르드개의 말을 에스더에게 알리매 10 에스더가 하닥에게 이르되 너는 모르드개에게 전하기를 11 왕의 신하들과 왕의 각 지방 백성이 다 알거니와 남녀를 막론

하고 부름을 받지 아니하고 안뜰에 들어가서 왕에게 나가면 오직 죽이는 법이요 왕이 그자에게 금 규를 내밀어야 살 것이라 이제 내가 부름을 입어 왕에게 나가지 못한 지가 이미 삼십 일이라 하라 하니라 12 그가 에스더의 말을 모르드개에게 전하매 13 모르드개가 그를 시켜 에스더에게 회답하되 너는 왕궁에 있으니 모든 유다인 중에 홀로 목숨을 건지리라 생각하지 말라 14 이때에 네가 만일 잠잠하여 말이 없으면 유다인은 다른 데로 말미암아 놓임과 구원을 얻으려니와 너와 네 아버지 집은 멸망하리라 네가 왕후의 자리를 얻은 것이 이때를 위함이 아닌지 누가 알겠느냐 하니 15 에스더가 모르드개에게 회답하여 이르되 16 당신은 가서 수산에 있는 유다인을 다 모으고 나를 위하여 금식하되 밤낮 삼 일을 먹지도 말고 마시지도 마소서 나도 나의 시녀와 더불어 이렇게 금식한 후에 규례를 어기고 왕에게 나아가리니 죽으면 죽으리이다 하니라 17 모르드개가 가서 에스더가 명령한 대로 다 행하니라(에 4:1-17).

메시지의
핵심을 담은
3분 영상

그리스도인에게는 세상 사람들이 갖지 못하는 두 가지 특별한 의식이 있다. 첫 번째는 청지기 의식이다. 내가 가진 것, 누리는 것이 모두 하나님께로부터 왔기에, 모든 것이 본래 하나님의 소유지만 이 땅에 머무는 동안 내가 잠시 맡고 있을 뿐이라는 인식에 바탕을 둔다. 어릴 때부터 힘들게 고생해서 자수성가한 분은 이것이 무슨 말인가 이해하기 어려워한다. 차츰 깊은 신앙의 세계를 경험하면서 '아, 내 소유가 원래 하나님의 것인데 내게 잠시 맡겨주셨구나' 하고 깨닫는다. 최근에 평소 존경하던 목사님께서 하나님의 부름을 받으셨다. 73세면 요즘은 한창 때인데 갑자기 소천하셨다는 소식에 '아, 그렇구나. 우리는 이 땅에서 주인이 아니라 청지기로 살아가는구나'라는 생각이 들었다.

두 번째는 소명 의식이다. 어떤 모습으로 살든 우리는 하나님께 부름받은 자들이다. 하나님이 우리를 부르셨다. 이 시간과 공간 안

함께 재건: 말씀, 고난에 답하다

에 우리 삶을 디자인하셨을 때부터 하나님은 우리에게 특별한 목적을 부여하신 것이다. 그것을 깨닫고 소명 의식에 부합한 삶을 살아야 하는 책무가 우리 모두에게 있다.

이처럼 우리는 청지기 의식과 소명 의식을 가진 그리스도인들이다. 이 두 가지를 마음속에 품고 있으면 세상 사람들과는 완전히 다른 삶을 추구하게 된다. 모든 사건과 환경이 새로운 각도에서 파악된다. 인류의 역사를 하나님이 주시는 시각으로, 하나님의 안목으로, 하나님의 눈으로 보게 되는 것이다. 역사를 '하나님의 눈'으로 살필 수 있는 놀라운 변화가 찾아온다.

아무도 짐작할 수 없는 하나님의 역사

"아하수에로왕 때에…"(에 1:1). 사람의 눈으로 보면 '아하수에로왕의 치세'라는 서술로만 읽힌다. 즉, 이렇게 정리된다. '우리가 아는 역사의 최고 정점이 지배자인 왕이고 당시의 모든 권력이 아하수에로에게 집중되어 있었구나.' 실제로 아하수에로가 다스렸던 제국은 고대 근동 지역에서 가장 강력한 국가로 군림했다. 주전 480년경 최대 판도를 이루었을 즈음의 위세는 참으로 대단했다. 동쪽으로는 인도까지, 서쪽으로는 북아프리카까지, 북쪽으로는 터키와 그리스 지역까지 광범위한 영토를 다스렸다.

"전에 바벨론 왕 느부갓네살이 예루살렘에서 유다 왕 여고냐와 백성을 사로잡아 갈 때에 모르드개도 함께 사로잡혔더라"(에 2:6). 이스라엘 민족이 잡혀가 바벨론 포로 시대를 시작하던 당시에 대한 서술이다. 바벨론의 권력이 메대와 바사, 즉 페르시아 제국으로 넘어간 상황에 여전히 바벨론 시대 이후로 이어지는 포로생활을 설명한다. 그때 살았던 주인공 2명(모르드개와 에스더)의 이름이 에스더 2장 5, 7절에 등장한다. 에스더는 페르시아식 이름이고, 유대식 본명은 하닷사라고 불리던 처녀였다.

당연히 그 시대의 주인공이자 권력자는 아하수에로왕으로 보인다. 반면, 모르드개와 에스더는 포로의 후예들이고 역사 속에서 존재감도 미미해 보인다. 그러나 사로잡힌 그때, 포로로 있던 그때에 아무도 짐작할 수 없는 하나님의 역사가 시작된다. 다시 말해 "아하수에로왕 때"가 아니라 "사로잡아갈 때"가 하나님의 관점에서 주관하셨던 '진짜' 역사의 시작이었다.

역사의 씨줄과 날줄이 엮이기 시작하다

대제국의 지배자였던 아하수에로왕에게는 와스디라는 아름다운 왕후가 있었다. 궁중 대신들이 모두 모여 잔치를 하는 날이었다. 왕은 기분이 한껏 좋아져 자신의 아내가 얼마나 아름다운지 자랑하고 싶어졌다. 왕후에게 전갈을 넣으라고 명령할 때만 해도 분위기가 한껏 무르익었다. 그런데 일이 터지고 말았다. 와스디는 자신의 아름다움에 대한 프라이드가 있어서 그랬는지 "흥! 내가 대신들에게 얼굴을 보여줄 필요가 뭐 있겠어?" 하면서 "나는 안 나가요!"라고 대답한 것이다.

흥이 깨지고 수많은 대신 앞에서 완전히 체면을 구긴 아하수에로는 가만히 있을 수 없었다. 그 자리에서 "그래? 그럼 너는 폐위야!" 하고 궁에서 내쫓는 결정을 내려버린다. 왕은 곧이어 새로운 왕후를 간택하기 시작한다. 내전을 다스리는 자리, 내전의 수장이기도 한 왕후가 없으면 안 되기 때문이다. 전국 각 지방에서 아름답고 단아한 여인들이 왕궁으로 모여들었다. 그중에서도 만나는 모든 사람으로부터 아름다운 용모와 바른 행실로 칭송을 들었던 에스더가 대제국의 왕후로 뽑히게 된 것이다.

이렇게 새로운 인물이 왕후에 오르던 시기와 맞물려 대신 한 명이 정치적으로 입지를 강화한다. 아하수에로왕의 신임을 얻어 수석 대신, 즉 총리의 자리에 앉은 하만이다. 당시 새 왕후 에스더가 유대인이라는 사실을 아무도 모르고 있었다. 그녀를 친부모처럼 양육해준 사촌 오빠 모르드개가 신분을 밝히지 말라고 신신당부했기 때문이었다.

에스더 3장 8절에서 하만이 유대인을 향해 적개심을 불태우는 장면이 등장한다. "하만이 아하수에로왕에게 아뢰되 한 민족이 왕

의 나라 각 지방 백성 중에 흩어져 거하는데 그 법률이 만민의 것
과 달라서 왕의 법률을 지키지 아니하오니 용납하는 것이 왕에게
무익하니이다"(에 3:8). 여기에는 배경이 있다. 신임 왕후의 보호자
였던 모르드개가 왕궁 문지기로 일하고 있었는데, 모든 신하는 하
만에게 절하라는 왕의 명령을 그가 지키지 않은 것이다.

"당신은 어째서 절을 하지 않는 거요?"

사람들이 묻자 모르드개는 "나는 유대인이요. 하나님 외에 다른
신이나 사람에게 절할 수는 없소이다"라고 대답했다. 하나님의 백
성이라는 자존심이 있었던 모르드개는 하만에게 절을 하지 않았
다. 아마도 모르드개는 하만이 어떤 사람인지, 그의 선조가 누구인
지 이미 알고 있었을 것이다.

하만은 이스라엘 백성이 애굽에서 나와 광야생활을 할 때 그들
과 대적했던 아말렉 족속의 후손이었다. 그 일을 기억하신 하나님
께서 사울왕 시대에 아말렉을 다 진멸하라고 명령을 내리셨다. 그
러나 사울은 하나님의 명령에 따르지 않고 살진 짐승들과 좋은 것
들을 남겨놓음으로 하나님의 눈 밖에 났다. 바로 그 아말렉 후손
중 하나가 지금 이스라엘 민족을 괴롭히기 시작한 것이다.

하만은 모르드개가 자기에게 절하지 않은 것에 악감정을 품었
다. 그래서 왕이 정한 법률을 지키지 않는다고 모함했다. 더 나아가
"왕에게 모반을 한다, 반역을 일으킨다"라는 식으로 악한 궤계와
프레임을 뒤집어씌워 이스라엘 민족 전체를 죽이겠다는 계책을 냈

다. 실제로는 유대 민족이 다른 마음을 품은 것도 아니고 왕의 통치에 따르지 않은 것도 아니었는데 하만이 악한 꾀를 냈던 것이다. 지극히 정치적인 공격이었다.

아하수에로는 하만의 고발을 듣고 단순하게 생각한다. "그래? 그럼 어떻게 하면 좋겠나?" 하만은 이때다 하고 방안을 내놓는다. 왕의 이름으로 조서를 써서 나라 전체에 선포하시라, 왕국을 어지럽히는 못된 자들을 처단하셔야 한다고 상신한다. 왕이 들어보니 그럴듯했다. 그래서 "좋다, 그럼 그렇게 처단하라. 국가에서 정한 법률을 인정하지 아니하고 왕이 내린 명령을 무시하다니 그건 용납이 안 되지" 하며 조서를 허락한다. 한날한시에 유대인을 죽이라는 내용이었다. 소위 집단학살, 인종청소에 대한 허가를 내준 것이다. 왕에게 처단 대상이 유대 민족이라는 말을 한 마디도 하지 않은 데서 얼마나 악한 의도로 하만이 이 일을 꾸몄는지 쉽게 확인할 수 있다. 드디어 왕의 조서를 꾸며 인장을 찍은 후 전국 127도에 서둘러 송달한다.

모든 정치적 도전은
하나님의 통치 아래 있는 현재진행형

어느 시대, 어느 때나 하만같이 악한 의도로 공격하는 사람들이 꼭 나타난다. 정치적 프레임을 씌우는 사람들이 있는 법이다. 이들은 자신들의 정치적 야욕을 달성하기 위해 혹은 어떤 욕심을 채우기 위해 악한 계략을 짜서 사람들을 괴롭힌다.

그러나 우리는 흔들리거나 오염되어서는 안 된다. 인간의 눈으로 역사를 바라보는 것이 아니라 하나님의 안목과 시각으로 역사를 꿰뚫어 보는 눈이 있어야 한다. 이 나라에서 벌어지는 정치적 현상에 대해서도 하나님의 시각으로 면밀히 따져보고 영적인 통찰을 가질 필요가 있다. 즉, 대한민국이 어떻게 세워져왔고, 이 나라를 하나님께서 어떻게 이끌며 보호해오셨는지 깨달아야 한다. 신앙적인 차원으로 이 모든 흐름을 볼 수 있어야 한다. 균형 잡히지 않은 미디어들과 악의적인 프레임에 갇혀 그리스도인이 중심을 잃으면 안 된다. 사람을 뽑을 때에도 '이 사람이 진짜 역사와 시대 앞에 애국 애족하는 사람인가?' 혹은 '하나님을 진실로 두려워하는 겸손한 사람인가?'라는 기준을 갖고 정신을 바짝 차려야만 한다.

한 나라가 지도자를 잘못 뽑았을 때의 후폭풍은 이만저만 심각한 것이 아니다. 독일 국민이 히틀러를 뽑았을 때 온 유럽과 세계가 어떻게 되었던가? 남미에서 제일 잘사는 나라 중 하나였던 베네수엘라가 차베스라는 지도자를 선택해서 어떻게 되었던가? 2년 전에 브라질에서 열린 CAL세미나를 인도하러 갔다가 깜짝 놀랐던 적이 있다. 브라질은 베네수엘라와 국경을 마주하고 있는데, 베네수엘라의 지식인, 의사, 대학교수들이 국경을 넘어와서 불법 체류

하는 모습을 보았다. 자기 나라에서 큰 역할을 감당해야 할 전문인들이 주유소에서 일하거나 이런저런 험한 일을 하고 있었다. 모두 나라가 잘못된 방향으로 나아간 탓이다.

다니엘서 5장 25절을 보면 추상같은 말씀이 등장한다. "기록된 글자는 이것이니 곧 메네 메네 데겔 우바르신이라." 하나님의 저울에 달아보니 부족함을 보였다는 의미다. 그래서 하나님이 심판하신다는 선고의 뜻이 담겨 있다. 거대한 제국 바벨론을 일으켰던 부친 느부갓네살왕 밑에서 성장했으면서도 아버지 치세에서 도대체 무엇을 배웠는지 의심스러운 벨사살왕. 고작 할 줄 아는 것이라고는 예루살렘 성전에서 빼앗아 온 금그릇과 은그릇으로 거하게 술판을 벌이고 온갖 우상을 숭배하는 일뿐이었던 그에게 하나님이 일침을 놓으신다. 한마디로 함량 미달이라는 준엄한 경고였다. 넙적다리 마디마디가 녹아내리듯 공포에 떨던 벨사살은 다니엘을 불러 해석을 전해 듣고 다니엘에게 큰 상을 내리지만 바로 그날 밤 부하들의 칼날에 무참하게 살해당하고 만다. 정치적으로도 인간적으로도 벨사살은 비참한 패배자로 짧은 생을 마감했다.

우리도 지도자를 선택할 때 반드시 하나님의 저울을 묵상하며 기도 가운데 선택해야 한다. 세상이 아무리 화려해보이고 때로 질서를 잃고 어수선해 보여도 절대적 기준을 놓치면 안 된다. 모든 정치적 도전은 결국 하나님의 통치 아래 있는 현재진행형이라는 사실을 잊지 말아야 한다.

왜곡된 역사를 바로잡는 지름길

악랄한 하만 때문에 온 이스라엘 민족이 몰살당할 위기에 빠졌다. 이미 왕의 조서를 소지한 파발마들이 전국 127도로 흩어졌고 제국의 주민 모두에게는 흉흉한 소문이 돌기 시작했다. 평소 이스라엘 민족에게 악감정이 있었거나 보복을 꿈꾸던 자들은 쾌재를 부르며 무기를 준비하기 시작했다. 유대인들의 운명은 말 그대로 바람 앞의 등불과 같았다.

이런 상황에서 유대인 그리고 모르드개가 취할 수 있는 대책은 사실 전무했다. 모르드개의 선택은 에스더 4장 1절에 기록되어 있다. "자기의 옷을 찢고 굵은베 옷을 입고 재를 뒤집어쓰고 성중에 나가서 대성통곡하며."

모르드개뿐만 아니었다. "왕의 명령과 조서가 각 지방에 이르매 유다인이 크게 애통하여 금식하며 울며 부르짖고 굵은베 옷을 입고 재에 누운 자가 무수하더라"(3절). 그들은 구원의 하나님, 인생의 희로애락을 지배하시는 하나님께 매달렸다. 금식하고 울며 부르짖었다. 민족적 대재앙 앞에 그들이 취한 행동은 지극히 온당하고 적절했다. 하나님께 매달린 것이다.

왕궁 안에 있는 에스더는 이 소식을 곧바로 듣지 못했다. 유대 민족과 사촌 오빠 모르드개가 금식하고 재를 뒤집어쓰고 통곡하고 옷을 찢었다는 사실을 나중에야 듣는다. 그래서 사람을 통해 자초

지종을 알아보게 했다. 결국 하만이 그런 계획을 세워 왕의 조서를 얻어냈고 자기 민족이 몽땅 죽게 되었으며 이미 왕의 조서가 전국에 반포되었다는 것까지 알게 된다.

모르드개와 왕후 에스더 사이에 메신저가 오가기 시작했다. 모르드개는 사촌 여동생이자 왕후에게 말했다. "우리를 구할 사람은 너밖에 없다. 왕후가 나서지 않으면 우리는 다 죽게 된다." 그의 이야기를 전달받은 에스더의 반응이 4장 11절에 등장한다.

"지금 왕으로부터 부름받지 못한 지 한 달이 되었습니다. 왕이 너무 바빠 아내를 찾아올 겨를도 없는 상황입니다." 아무리 왕후라 하더라도 쉽게 왕을 만날 수는 없었다. 당시 페르시아는 물론이고 대부분의 제국에서 내전에 있는 왕후와 후궁들은 정사에 관여할 수 없었다. 왕의 부름을 받지도 않고 왕 앞에 나가면 그것은 곧 죽음을 의미했다. 왕후도 마찬가지였다. 왕이 특별사면의 의미로 홀을 내밀지 않으면 그 자리에서 죽어야 했다. 에스더는 이런 상황을 모르드개에게 전했던 것이다.

은혜가 먼저 오고, 소명이 뒤따른다

모르드개는 왕후에게 회신을 보내 세 가지 사실을 알려준다. 첫째, 에스더가 비록 페르시아의 왕후지만 그녀에게 유대인의 피가 흐르고 있음을 확인시킨다. 둘째, 에스더가 하나님이 택하신 사람이라는 것을 환기시킨다. 셋째, 그녀가 잠잠히 있다고 해서 나중에 핍박을 피할 수 있는 것은 아니하고 전한다.

"민족 학살, 종족의 대학살이 시작되면 처음에는 일반 백성부터 시작하겠지만 결국 칼이 너를 향할 것이고, 너와 가족을 모두 죽일 때까지 이 학살은 끝나지 않을 것이다. 네가 왕후에 자리에 있고 왕의 총애가 극진하다 해도 이 재앙에서 보호받지 못할 것이다. 상징적으로 맨 마지막에 희생당할 가능성이 대단히 높다."

에스더에게 세 가지를 확인시키면서 모르드개가 했던 유명한 말이 4장 14절에 이어진다. "네가 왕후의 자리를 얻은 것이 이때를 위함이 아닌지 누가 알겠느냐 하니." 그렇다. 하나님의 시각으로 볼 때 왕후의 자리는 민족을 구원하기 위한 소명의 자리였다. 무명의 유대인 처녀가 일약 대제국 페르시아의 왕후로 전격 발탁된 것은 다 하나님의 뜻이라는 지적이다. "네가 지금 위치에 오를 수 있었던 것도 다 이때를 위하여 하나님이 허락해주셨기 때문이다. 그러니까 너의 그 자리가 이 민족을 구원하기 위한 소명의 자리다. 왕후의 자리는 민족을 구원하기 위한 소명의 자리다."

바로 이것이 하나님의 눈과 하나님의 시각으로 역사를 평가하는 대표적인 사례다. 신앙과 삶에 대한 훌륭한 통찰력이라고 할 수 있다. "너는 사명의 사람이고, 그 어려움의 순간이 사명의 순간이고, 그 사명을 위하여 이 자리에 있는 것이다."

그렇다면 소명의 사람, 소명의 자리에 서 있는 사람이라면 어떻게 살아야 하는가?

남들보다 더 큰 소명

첫째, 위기 앞에서 책임을 다해야 한다. 소명자로서의 책임을 다하지 못한다면 자신도 안전할 수 없다. 다 같이 망한다. 즉, 위기 앞에서 가만히 숨어 있다고 안전한 것이 아니다. "왕후의 자리를 누가 허락하셨는지 되새겨보아라. 하나님께서 허락하셨다. 때문에 자신의 민족이 어려울 때 모른 척 가만히 있으면 결국 다 함께 멸망하고 만다." 이것이 모르드개의 확신이다.

둘째, 소명의 자리를 회피하면 다른 사람을 통해서 일하신다. "이때에 네가 만일 잠잠하여 말이 없으면 유다인은 다른 데로 말미암아 놓임과 구원을 얻으려니와"(14절). 그가 이렇게 말한 이유는 이스라엘 백성과 하나님은 언약의 관계임을 재확인시켜주기 위해서였다. 하나님과 이스라엘은 피로 맺어진 관계다. 결혼한 관계와 같다는 뜻이다. 언약의 백성은 하나님이 보호해주실 것이다. 고센 땅에서도, 가나안 기근이 있을 때도, 출애굽 가운데서도, 바벨론에서도 보호하신 그 은혜가 그대로 적용된다는 점을 강조하고 있다.

우리도 코로나 바이러스 확산을 막고자 현재는 주일날 본당에 중직자들만 나와 전원 마스크를 착용한 채 2미터 간격을 유지하고 예배를 드린다. 예배를 마친 다음 기준에 의거해 청소와 방역을 철저하게 한다. 이처럼 조심할 것은 최대한 조심해야 하지만 지나치게 벌벌 떨 필요는 없다. 하나님이 자기 백성을 보호하신다는 것을 잊지 말자. 사명이 있는 한 하나님이 보호하신다.

셋째, 내가 현재 있는 자리가 소명의 자리다. 모르드개는 에스더에게 왕후의 자리를 얻은 것이 이때를 위함이 아닌지 생각해보라고 한다. 우리가 남들보다 더 많이 가졌고, 남들보다 더 영향력 있는 위치에 있다면 그것이 곧 소명의 자리다. 남들보다 더 많은 교육을 받고 남들보다 더 뛰어난 두뇌를 가졌는가? 남들보다 빼어난 외모를 주셨는가? 남들보다 더 나은 건강을 주셨는가? 남들보다 더 자유로운 시간을 주셨는가? 결코 자신만을 위해 받은 것이 아니다. 이것이 거룩한 부담으로 다가와야 하고 그 자리가 소명의 자리라고 인정하며 행동해야 한다.

Korea under God

에스더는 고아였다. 사촌 오빠 모르드개가 정성을 기울여 키웠지만 고아들이 대개 자기 보호본능이 있듯 에스더도 이제는 안정을 누리고 싶었을 것이다. 가정을 이루었다면 자기 가정을 지키고

함께 재건: 말씀, 고난에 답하다

자 하는 마음이 크다. 절대로 간단한 문제가 아니다. 비난받을 일이 아니다. 그러나 역사를 보는 시각을 갖춘 사명의 사람은 달라야 한다. 내 가족이 잘되고 내가 배불리 먹는 것만 힘써서는 안 된다. 하나님께서 모르드개를 통하여 에스더에게 말씀하셨다. 에스더는 소명받은 자로서 자신만을 위해서가 아니라 민족과 하나님 나라를 위해 살라는 요구 앞에 선 것이다.

에이브러햄 링컨의 '게티즈버그연설'은 270여 단어밖에 안 되는 짧은 내용이다. 이 연설에서 "국민의, 국민에 의한, 국민을 위한"(of the people, by the people, for the people)은 잘 알려져 있지만 정말 중요한 내용은 따로 있다. 이 문장 전체를 보아야 한다.

"하나님의 은총 아래 이 나라는 새로운 자유를 낳을 것입니다. 국민의, 국민에 의한, 국민을 위한 정부는 지상에서 멸망하지 않을 것입니다"(That this nation, under God, shall have a new birth of freedom – and that government of the people, by the people, for the people, shall not perish from the earth).

우리도 마찬가지다. 이 민족이 하나님의 은총 아래(under God) 있는 나라가 되기를 바라는 것이다. 그렇게 하나님 아래에 있는 민족이 되면 결코 망하지 않는다(shall not perish). 예기치 못한 사태와 그로 인한 경제적 타격을 극복하는 일은 쉽지 않고 간단하지도 않다. 힘겨운 싸움이 우리 앞에 남아 있지만, 결국 Korea under God 을 코로나 바이러스가 어떻게 하지 못할 것이다.

하나님 아래, 그 은총의 날개 아래에 있으려면 어떻게 해야 할까? 이제는 사명자로 결단해야 하는 순간이 찾아왔다. 하나님 아래 있는 나라, 하나님 아래 있는 인생이 되기 위하여 에스더는 선포한다. "나도 나의 시녀와 더불어 이렇게 금식한 후에 규례를 어기고 왕에게 나아가리니 죽으면 죽으리이다"(16절).

에스더는 죽으면 죽으리라고 하나님 앞에서 자기 사명을 선포했다. "왕이 부르지 않았는데 왕비가 나아가면 죽음이 기다리고 있습니다. 설령 그렇다 하더라도 내 목숨을 걸겠습니다. 이제 내 아름다움도 의존하지 않겠습니다. 내 미모에 대한 평가에도 의존하지 않겠습니다. 그리고 내 자리, 왕후라는 위치도 의존하지 않겠습니다. 왕과 나의 관계도 의식하지 않겠습니다. 이제 나는 죽으면 죽겠습니다. 내 인생을 하나님의 손아래 있는 것으로 믿겠습니다."

이제 왕후 에스더는 "내가 밤낮 삼 일 동안 먹지도 아니하고 마시지도 않겠다"라고 선포하며 행동에 들어간다. "내가 그렇게 할테니 유대인 여러분도 나를 위하여 금식하되 밤낮 삼 일을 먹지도 말고 마시지도 마십시오." 비상한 결단이고, 비장미 가득한 각오를 보여주었다. 여성으로서 보이기 쉽지 않은, 결기가 느껴지는 처절한 작정이다. 보통 금식할 때 물은 마신다. 라마단 금식 기간에 무슬림은 해가 뜰 때부터 질 때까지만 금식하고 밤에는 먹고 마시는 것이 허용된다. 하지만 에스더는 달랐다. 먹지도 않고 마시지도 않으며 사생결단으로 금식 기도에 들어갔다. 인간의 수단과 방법은

다 배제하고 "죽으면 죽으리라" 하면서 주님만 바라보는 비상한 결단이요 비장한 각오였다.

2020년 2월 초에 Disciple Making Global Partners(DMGP) 사역의 일환으로 제자훈련 국제화를 위해 아프리카 가나에서 집회와 세미나를 하고 돌아왔다. 행사 중에 가나 대통령을 만나 같이 기도하고 유익한 교제의 시간을 가졌다. 가나 대통령의 이름은 나나 아쿠포 아도인데 며칠 전에 보니 가나는 세계에서 처음으로 '국가 금식기도의 날'을 선포했다. 국가 금식기도의 날. 그 말을 들을 때 감동이 있었고 동료 의식을 느낄 수 있었다. 대통령과 모든 사람들이 금식기도를 선포했는데 이것은 결코 쉬운 일이 아니다. 비상한 각오로 정치 지도자부터 하나님께 엎드린다는 선포인 것이다. 가나는 아프리카에서도 하나님께서 특별히 보호해주실 것을 믿는다.

왕의 마음도 임의로 인도하신다

에스더가 그렇게 결단했던 배경에는 구약성경의 잠언을 배우면서 솔로몬이 남긴 지혜의 말씀을 깊이 이해했기 때문이라고 볼 수 있다. "왕의 마음이 여호와의 손에 있음이 마치 봇물과 같아서 그가 임의로 인도하시느니라"(잠 21:1). 왕의 마음이라 하더라도 물과 같다, 물 흐르는 대로 가는데 그 흐름을 하나님께서 붙잡고 계심을 배운 것이다. 왕의 마음이 하나님의 인도하심에 따라 흘러간다는 말이다. "허락 없이 왕에게 나아가는 것은 죽음을 각오해야 하는 일이지만 그러나 왕의 마음조차도 하나님께서 임의로 움직이실 것이다." 진심으로 말씀에 의지하여 비상한 결단을 하면서 죽으면 죽으리라는 심정으로 금식에 돌입했다.

왕의 마음이 여호와의 손에 있다. 지금 대한민국도 마찬가지이다. 하나님께서 섭리하시는 가운데 총선도 치르는 것이고 정부도 구성되는 것이다. 모든 위정자는 시대와 국가 단위를 넘어 하나님의 손에 붙들린 거대한 도구라고 보아야 한다. "왕의 마음이 여호와의 손에 있음이여" 하고 하나님께서 붙들어주시며 은혜 내려주시기를 기도하자. 그 물꼬가 트이고 봇물과 같이 하나님께서 임의로 인도하시는 뜻에 순종하게 해달라고 기도하자.

에스더는 자신을 하나님의 소명을 받은 자, 일종의 대표선수로 자각하고 전력투구했다. 16절을 보면 "당신은 가서 수산에 있는 유다인을 다 모으고 나를 위하여 금식하되 밤낮 삼 일을 먹지도 말고 마시지도 마소서" 하며 기도의 동참을 요청했다. 금식할 때에 혼자서 하는 것보다 동지들이 있어야 한다. 우리 모두는 하나님 안에서 영적인 기도의 동지들이며 영가족인 것을 확신한다. 여러분들의 기도의 후원이 없다면 목회자들과 선교사들이 하루인들 사역을 할 수 있겠는가? 목회자의 입장에서도 마찬가지이다. 우리 교회 성도들을 위해 기도할 때마다 "하나님 아버지, 우리 사랑의교회에 속한 수많은 성도들이 한 명도 은혜의 테두리에서 벗어나는 자가 없게 하옵소서. 은혜의 장중에서 벗어나는 자가 없게 하옵소서" 하면서 서로 기도의 후원자가 되는 것이다. 성도들 역시 서로를 위해 기도로 후원하며 승리하는 주의 백성이 되어야만 한다. 이렇게 할 때 우리는 역사의 기록자가 될 수 있다. 모르드개처럼 역사의 기록자로 에스더를 키우든지, 아니면 에스더처럼 죽으면 죽으리라는 마음으로 하나님 앞에서 사명자가 되겠다고 결단할 수 있는 것이다.

세상과 구별된 역사의 기록자

모르드개는 드디어 역사를 기록하는 자가 되었다. "모르드개가 이 일을 기록하고 … 모든 유다인에게 원근을 막론하고 글을 보내어 이르기를"(에 9:20). 모든 유다인에게 글을 보내는 과정에서 참으로 감격스러운 해피엔딩을 맞이한다. 에스더 9장 17절 이하를 보면 "아달월 십삼일에 그 일을 행하였고 십사일에 쉬며 그날에 잔치를 베풀어 즐겼고", 그다음 18절에 "수산에 사는 유다인들은 십삼일과 십사일에 모였고 십오일에 쉬며 이날에 잔치를 베풀어 즐긴지라", 19절에 "그러므로 시골의 유다인 곧 성이 없는 고을고을에 사는 자들이 아달월 십사일을 명절로 삼아 잔치를 베풀고 즐기며 서로 예물을 주더라". 드디어 악한 계획이 무산되고 이스라엘 백성에게 쉼과 잔치와 기쁨의 은혜의 날이 오게 된 것이다. 이것이 지금도 이스라엘의 큰 명절인 부림절로 지켜지고 있다.

결단할 때는 결단해야 한다. 최근 코로나19 사태로 우리 청년 대학생들, 특히 그리스도인 사회 초년생들이, 알게 모르게 핍박과 박해를 받고 있다는 소식을 들었다. 연일 언론과 정부에서 신천지 등 이단뿐 아니라 정통 교회를 향해서도 날을 세우다 보니까 직장에서 교회 다닌다는 이유로 압박을 받는다고 했다. 그럼에도 대부분의 우리 청년들이 흔들림 없이 자신의 신앙을 지키고 있었다. 얼마나 고맙고 사랑스러웠는지 모른다.

우리는 육신의 시각으로 사는 사람들이 아니다. 하나님의 시각으로 바라보아야 한다. 역사도 하나님의 시각으로, 자기 자신도 그렇게 바라봐야 한다. 모르드개는 하나님의 시각으로 보았을 때 대표선수인 자신이 비록 상대가 총리라 하더라도 아말렉의 자손 하만에게 머리를 숙일 수 없었다. 에스더는 "죽으면 죽으리이다" 하고 목숨을 던졌다. 우리 청년들이 어수선한 시국 가운데 믿음을 지키겠다는 고백을 내놓는 것 역시 하나님 나라의 대표선수로 거룩한 자각이며 결단을 드러낸 사건이다. 이런 고백을 내놓고 행동할 때 하나님께서 우리를 통해 일하기 시작하신다. 끝내 세상과 구별된 역사의 기록자로 우리를 세워나가기 시작하신다.

함께 재건: 말씀, 고난에 답하다

시대와 역사의 위기 앞에서
'하나님의 안목'을 갖게 하사
잠잠하거나 회피하지 않고
소명 완수의 자리를
끝까지 지키게 하옵소서.

제7장

영광

하나님이
기억하시는 인생

14 그러나 내게는 우리 주 예수 그리스도의 십자가 외에 결코 자랑할 것이 없으니 그리스도로 말미암아 세상이 나를 대하여 십자가에 못 박히고 내가 또한 세상을 대하여 그러하니라 15 할례나 무할례가 아무것도 아니로되 오직 새로 지으심을 받는 것만이 중요하니라 16 무릇 이 규례를 행하는 자에게와 하나님의 이스라엘에게 평강과 긍휼이 있을지어다 17 이후로는 누구든지 나를 괴롭게 하지 말라 내가 내 몸에 예수의 흔적을 지니고 있노라(갈 6:14-17).

메시지의
핵심을 담은
3분 영상

코로나19 사태가 장기화 조짐을 보인다. 그러나 함께 기도하고 힘을 합하여 끝내 이겨내리라 확신한다. 그래서 10년, 20년 뒤에는 이 상황을 어떻게 극복했는지 이야기할 날이 올 것이다. 이번 사태를 계기로 우리 신앙의 현주소를 점검하게 해주신 것 또한 소중한 자산임에 틀림없다. 예배의 귀중함을 새삼 느끼며 마음껏 예배하고 찬양하고 말씀을 들을 수 있는 것이야말로 보배로운 일이었음을 깨달았다. 이 기간에 극복과 재건에 관한 묵상을 나누는 것 또한 특별한 경험이 될 것이다.

'십자가' 하면 우선 어떤 생각이 드는가? 어떤 분들은 "어휴, 날 힘들게 하는 저 사람이 내 십자가예요"라고 말한다. 어려움을 주는 사람이나 특정한 상황을 십자가라고 부르는 경우다. 자기가 짊어져야 하는 의무나 책임, 어려운 일들을 십자가라고 표현하기도 한다. 예를 들어 부모는 "아이고, 말 안 듣는 우리 아이들이 십자가입니다. 골치 아픕니다." 이렇게 말하지만, 거꾸로 "제가 져야 할 십자가는 우리 부모님입니다"라고 말하는 자녀도 있다. 서로의 입장 차이가 있을 뿐이다.

십자가는 흔히 표현하는 것처럼 현재의 골치 아픈 문제를 가리키는 대명사가 아니다. 갈라디아서에서 말씀하는 십자가는 사회에서 통용되는 일반적인 용어나 숙어가 아니다. 우리가 십자가만을 자랑하려면 무엇을 해야 하는지, 갈라디아교회를 향해 사도 바울이 목자의 심정으로 재삼 확인해준 십자가의 의미를 명확하게 살펴볼 필요가 있다.

'덧셈 복음', '뺄셈 복음'

고난주일을 맞이하면서 십자가의 진정한 의미가 무엇인지 깊이 묵상하게 되었다. 그러던 중 유독 기억나는 본문이 있었다. 바로 사도 바울의 절절한 당부가 담긴 갈라디아서였다. 그가 갈라디아서를 쓴 이유는 오염된 복음, 혼탁한 복음으로부터 순전한 복음을 지키고 선포하기 위해서였다. 갈라디아서는 사도행전 13-14장에 기록된 대로 바울이 바나바와 함께 1차 전도 여행 때 개척한 지역교회에 보낸 서신이다. 그는 루스드라, 더베, 이고니온 지역, 비시디아 안디옥 같은 갈라디아 지역에서 극심한 고난을 겪으며 복음을 전하고 교회를 세웠다. 몇 년이 흐른 뒤에 그곳 교회의 성도들이 신앙생활을 잘하고 있는지를 살펴보는데, 그들에게 심각한 문제가 있음을 발견한다. 복음의 본질이 훼손되기 시작했다는 안타까운 소식을 접한 것이다.

바울은 복음이 희석되면서, 복음 위에 누군가가 자기 생각을 덧입히고 또 뭔가를 빼는 바람에 소위 '덧셈 복음', '뺄셈 복음' 같은 것이 돌아다닌다는 사실을 알게 되었다. 대표적인 사례가 할례 문제, 율법 행위의 문제 등이었다. "십자가의 복음만 갖고는 구원을 얻을 수 없다. 율법도 행해야 하고 거기에 더하여 할례도 행해야 한다." 이런 식으로 본질이 아닌 이야기를 자꾸 덧붙인다는 소식이었다. 바울은 너무 가슴이 아프고 기가 막혔다. 물 탄 복음, 오염된 복음, 혼탁한 복음… 이런 것이 마치 코로나 바이러스 퍼져나가듯 강력하게 확산되고 있었다.

사실 선행이나 율법이나 할례 등은 구원받은 사람이 드러내야 할 열매지 결코 구원의 조건이 될 수 없다. 예를 들어 선행은 구원의 열매일 뿐인데, 그걸 마치 조건인 양 강조하는 것이 너무나 안타까워 갈라디아 성도들에게 편지를 써 보낸 것이다. 바울은 십자가가 얼마나 소중한지 갈라디아 사람들이 충분히 깨닫지 못했다고 판단했다. "내게는 우리 주 예수 그리스도의 십자가 외에 결코 자랑할 것이 없다."

지금 이 시대에도 쉽게 저지를 수 있는 오류에 당시 갈라디아 성도들이 빠져 있었다. 이러한 이단적 주장의 가장 근본적인 문제는 그들이 무슨 주장을 하든지 십자가의 본질과 핵심을 훼손한다는 데 있다. 십자가의 영광과 능력을 부인하는 결과를 가져온다. 십자가의 복음을 깊이 알지 못하면 거짓 복음에 속을 수 있다. 반드시 복음의 요체를 확고하게 붙잡아야 한다.

하나님의 이스라엘

바울의 생애에 십자가보다 더 중요한 것은 없었다. 십자가보다 더 근본적인 사건도 없었다. 그래서 바울은 십자가의 신비를 깨닫고 십자가만을 자랑한다고 늘 고백하며 이것을 마그나카르타, 일종의 대헌장으로 반복해서 선포했다. "내게는 우리 주 예수 그리스도의 십자가 외에 결코 자랑할 것이 없으니"(14절).

특별히 할례당으로 대표되는 율법주의자들에 대해서는 단호하게 선을 긋는다. "왜 너희는 구원의 열매를 조건으로 가져다 붙이느냐? 그것은 잘못되었다"라고 가르친다. 그러면서 이렇게 강조한다. "할례나 무할례가 아무것도 아니로되 오직 새로 지으심을 받는 것만이 중요하니라"(15절). 할례를 받느냐 받지 않느냐가 중요한 게 아님을 다시 확인하고, 오직 그리스도 안에서 새롭게 지음받은 새 사람이 되는 것 하나만 중요하다고 강조한다.

"무릇 이 규례를 행하는 자에게와 하나님의 이스라엘에게 평강과 긍휼이 있을지어다"(16절). 신앙의 새로운 원리, 새로운 표준, 한마디로 그리스도의 십자가를 믿는 믿음이 '규례'라고 한 것이다. 즉, 십자가를 통해 새사람이 되는 이 규례를 믿는 사람 모두를 예외 없이 "하나님의 이스라엘" 되게 하신다는 의미다.

이렇게 우리는 그리스도의 십자가를 믿는 하나님의 이스라엘(The Israel of God)이 되었다. 십자가의 복음을 통하여 예외 없이, 지역이나 인종이나 빈부귀천이나 남녀노소를 막론하고 누구든지, 새로운 규례, 새사람, 십자가의 복음을 깨닫는 사람들은 하나님의 이스라엘이 되는 것이다.

하나님의 이스라엘이 된다는 것은 우리가 하나님의 백성이 된다는 직접적인 표현이다. 야곱을 예로 들어보자. 야곱은 원래 사기꾼 기질이 다분한 사람이었다. 그런데 하나님의 은혜를 깨닫고 난 다음, (신약의 표현을 빌려 말하면) 십자가의 은혜를 깨달아 깨어지고 난 다음 '이스라엘'로 이름이 바뀌었다. 참으로 영광스러운 복을 누렸다. 누구든지 십자가를 믿기만 하면 하나님이 친히 다스리시는 백성이 된다는 의미다.

세상의 나라들도 자기 백성이 해외에서 어려움을 당한다고 하면 전세기를 보내어 데리고 온다. 그리고 국민들은 그런 모습을 보며 자긍심을 느낀다. 국가가 한 사람 한 사람을 소중하게 대한다고 느끼기 때문이다. 하물며 하늘과 땅에 있는 모든 권세를 가지신 하나님의 이스라엘, 하나님의 친백성이 되었을 때는 우리를 어떻게 대하시겠는가?

내 쪽에서 보면 세상이 죽었다

십자가의 신비를 깨닫고 거듭나면 살아가는 세계가 달라진다. "그리스도로 말미암아 세상이 나를 대하여 십자가에 못 박히고 내가 또한 세상을 대하여 그러하니라"(14절). 이제 세상과 나는 관계 없고 구속한 주 예수님만 보이는 것이다. 새번역 성경은 이렇게 옮겼다. "그리스도로 말미암아, 내 쪽에서 보면 세상이 죽었고, 세상 쪽에서 보면 내가 죽었습니다." 이제 세상과 나는 영적으로 완전히 새로워진 차원에서 새로운 관계로 정의되었다.

코로나19 사태가 우리에게 큰 고난임은 분명하다. 하지만 유익을 끼친 점도 있다. 우리는 이 상황을 통해 삶의 본질이 중요하다는 것을 다시금 배웠다. 가정이 중요하고, 일상의 삶이 중요하고, 당연한 듯 누려왔던 예배가 소중하다. 너무 귀하지만 잊고 살았던 부분을 재확인하니까 세상을 부러워할 이유도 없고 사람과의 관계에서 생긴 갈등이나 또는 자존심에 상처를 입은 일들이 더 이상 중요하지 않다. 이것이야말로 세상 쪽에서 보면 내가 죽은 것 아니겠는가? 또 내 쪽에서 보면 세상이 죽은 것이 된다.

세상 쪽에서 보면 내가 죽은 것이요 내 쪽에서 보면 세상이 죽었다면, 분명히 그 기준이 되는 특별한 표징이 있을 것 아닌가? 바울은 6장 17절에서 놀라운 사실을 선포한다. "이후로는 누구든지 나를 괴롭게 하지 말라 내가 내 몸에 예수의 흔적을 지니고 있노라." 여기서 예수의 흔적은 바로 십자가의 흔적을 말한다.

인본 지성, 보편 지성에 강력한 대자보를 붙이다

그런데 궁금한 점이 있다. 우리는 이런 귀한 은혜를 받아 깨닫는데, 사람들은 왜 이 소중한 십자가의 능력과 신비를 알지 못하는 것일까? 왜 십자가에 포함된 구원의 깊은 비밀을 깨닫지 못할까? 왜 십자가의 핵심을 알지 못하고 십자가를 자랑하지 못할까?

첫 번째로 인본적인 지성, 즉 세상의 지식과 정보가 십자가의 영광을 제대로 인식하고 받아들이는 데 장애로 작용한다. 인본주의적이고 보편적인 지성은 과학적 사유와 체계적인 사고를 기반에 둔 것이다. 따라서 종합적이고 은유적이며 영적인 사인이 담긴 십자가를 자랑하지 못하게 한다. 지적인 부분을 포기하지 않고도 기독교의 진리를 믿을 수는 있지만, 세상의 일반적인 가르침, 특히 우리 자녀들이 초중고와 대학 캠퍼스에서 경험하고 배우는 거의 모든 것이 십자가에 우호적이지 않다. 심지어 적대적일 때가 많다. 이런 상황은 옛날이나 지금이나 변하지 않고 있다.

"십자가의 도가 멸망하는 자들에게는 미련한 것이요 구원을 받는 우리에게는 하나님의 능력이라"(고전 1:18). 세상 사람 입장에서는 십자가의 도가 너무 미련하게 보인다. 도대체 논리적으로 말이 되지 않는다고 말한다. 바울도 유사한 일을 겪었다. 바울이 아테네에서 지성인들과 논쟁을 벌일 때의 일이다. 헬라 철학을 떠받드는 지성인들은 바울을 보고 '말쟁이'라고 불렀다. 말쟁이라는 별명에는 멍청하다는 속뜻이 담겨 있다. 바울의 십자가, 바울이 전하는 십자가, 바울이 자랑하는 십자가를 그들은 멍청한 말쟁이의 말에 불과하다고 생각했다. 어이없는 말을 한다고 완전히 무시했다. 고대 그리스 로마 시대에 십자가는 수치와 부끄러움의 상징이었기 때문이다. 십자가 처형을 연상하게 했기 때문에 십자가를 부끄럽게 생각하고 낮추어 보았다. 이러한 상황에서 십자가를 부끄럽게 생각하지 않고 자랑스럽게 여기며 영광스럽게 생각한다는 것은 당대 거대한 인본 지성에 대한 도전이었고 보편 지성에 강렬한 반박의 대자보를 붙이는 행위였다.

정통 유대인의 입장에서도 십자가는 자랑의 대상이 될 수 없었다. 당시 유대교가 신봉하던 메시아는 정복 왕의 이미지가 강했다. 예수가 정복 왕으로 오신 분이라면 어떻게 저주받은 십자가, 수치스런 십자가를 질 수 있다는 말인가? 정복 왕이 십자가에 달려 비참하게 돌아가신다는 것을 상상할 수 없었다. 도저히 용납되지 않는 일이었다. "어떻게 신이 십자가에서 죽을 수 있지? 어떻게 메시아가 자기 비하를 짊어지고 십자가에 달릴 수 있나?"

이처럼 예수 그리스도의 자기 비하와 십자가 위에서 완성하신 섬김은 인본주의적인 일반 지성과 보편 지성의 상식을 완전히 뛰어넘었다. 예수님은 속절없이 십자가에서 돌아가신 것이 절대 아니다. 고결하고 죄 없으신 하나님의 본체이자 독생자께서 우리 죗값을 치르시려고, 우리 영혼을 구원하시려고 모든 것을 내어주신 것이다. 이 거대한 사랑의 서사가 어찌 단순한 지적 영역에서 이해가 되겠는가?

"어떻게 신이 십자가에서 죽을 수 있는가?" 최첨단의 시대라는 21세기에도 이런 생각은 계속되고 있다. 지성인들과 지성 사회는 여전히 "십자가에서 피 흘려 돌아가신 과거의 유대인이 어떻게 온 세상의 구원자가 될 수 있는가?"라면서 받아들일 수 없다고 말한다. 세상의 학문을 금과옥조로 아는 사람들에게 성령을 통한 인격적 변화를, 십자가의 신비와 십자가의 능력과 그 처절한 하나님의 심정을 깨닫게 하는 일이 가능할까? 구원의 십자가는 "우리가 아직 죄인 되었을 때에 그리스도께서 우리를 위하여 죽으심으로 하나님께서 우리에 대한 자기의 사랑을 확증"(롬 5:8)하신 사건이다. 이렇게 구원은 우리에게 일방적으로 주어졌다. 보편 지성이나 인본주의 철학의 논리와 해설로는 설명 자체가 불가능한 차원의 은혜다.

타협하지 않기 때문에 그리스도인이다

십자가의 비밀을 깨닫지 못하게 하는 두 번째 요인은 보편 종교다. 다른 말로 인본주의적 종교가 십자가를 가로막는다. "내가 곧 길이요 진리요 생명이니 나로 말미암지 않고는 아버지께로 갈 자가 없다." 이 얼마나 배타적인 말씀인가? "천하 사람 중에 구원을 받을 만한 다른 이름을 우리에게 주신 일이 없음이라"(행 4:12). 이러한 예수님의 유일성에 세상이 얼마나 반발하고 싫어하는지 우리는 익히 알고 있다.

사도 바울이 활동하던 당시를 떠올려보자. 로마제국에는 수많은 신관이 있었고 고대 근동 사회에 깊이 뿌리를 내린 다신교 문화는 로마제국에서 전성기를 누리고 있었다. 이름도 다양한 수많은 신들이 각축을 벌였다. 신들의 제왕 제우스, 전쟁의 신 아레스, 사랑의 신 비너스, 술의 신 바쿠스, 바다의 신 포세이돈 등 수많은 신들이 숭상되었다. 만약 예수님을 또 하나의 신으로서 그 사이에 놓았다면 예수님을 믿는다고 핍박당할 이유가 없었을 것이다. 예수님과 제우스를 함께 섬겨도 된다고 했으면 고린도에서는 논란조차도 안 됐을 것이다. 그러나 보편 종교의 상식을 뛰어넘어 예수님만이 유일한 구원의 길이라고 주장하니 배척당하고 핍박당하고 고통을 받을 수밖에 없었다.

이런 면에서 바울의 생각이 더욱 빛을 발한다. 그는 오직 십자가

만을 자랑하고 하나님의 계시 종교인 기독교의 독특성을 절대 타협하지 않았다. 우리도 타협하지 않기 때문에 '그리스도인'인 것이다. 그리스도인은 십자가에 달려 돌아가신 예수님을 어제도 예배했고, 오늘도 예배하며, 내일도 예배할 것이다.

보편 종교의 특징은 혼합주의와 다원주의로 규정된다. 사람들은 오늘날도 비교종교학이라는 학문을 내세우고 서로서로 논문을 인용해가며 종교 간 경쟁을 끝내자고 시비를 건다. 모든 종교의 좋은 점만 취하면 된다고 주장한다. 이리로 가도 구원이 있고 저리로 가도 구원이 있다고 말한다. 타협적인 자세야말로 종교의 미덕이라고 강조하며 복음의 경계선을 흐리멍덩하게 만든다. 이러한 혼합주의, 종교다원주의에 우리는 절대 타협할 수 없다.

왜 스데반이 돌에 맞았는가? 왜 초대교회 성도들이 화형대에서 사라지고 사자에게 찢겼던가? 왜 초대교회 성도들이 그토록 극심한 고통을 당했는가? 그 이유는 진리의 배타성 때문이다. 그들은 신앙에 물타기를 하지 않았다. 십자가의 순수성을 포기하지 않았기 때문에, 예수님의 십자가 외에는 다른 길이 없다고 믿었기 때문에 한 송이 꽃처럼 산화해갔다.

세상에는 기독교 같은 계시 종교가 없다. 창조주가 나를 위해 십자가에 달려 돌아가셨다고 말하는 종교는 기독교뿐이다. 신과 나, 나와 성령의 진정한 하나 됨을 십자가를 통해 이룬다고 말한다. 타협의 여지는 존재하지 않는다. 십자가의 보혈은 복잡한 설명을 필요로 하지 않는다. "예수님이 날 위해 십자가를 지셨다." 딱 세 마디다. 예수님이 날 위해 십자가를 지셨다. 이것이 복음의 시작이자 끝이요, 전부다.

믿는 가정에서 태어난 나는 초등학교 4, 5학년 때쯤 예수님을 인격적으로 만났다. 예수님을 구세주와 주님으로 영접하고 십자가 설교를 들었다. 그렇게 은혜를 받고 여름방학 한 달 동안 아버지 서재에서 "웬 말인가 날 위하여 주 돌아가셨네", "주 달려 죽은 십자가" 찬송을 눈물로 부르면서 흠뻑 은혜를 누렸다.

이후 수십 년 동안 깨달은 진리는 딱 한 가지, 단순하지만 강력한 것이었다. 누가 돌아가셨는가? 창조주 하나님이 돌아가셨다. 창조주 하나님이 십자가를 지셨다. 그러면 그분은 누구를 위해 돌아가셨는가? 죄인인 날 위해 십자가를 지셨다. 그렇다면 왜 날 위해 십자가를 지셨는가? 나를 너무너무 사랑하시기 때문이다. 창조주 하나님이 사랑을 완성하시기 위해 십자가를 지셨다. 아무런 가치가 없는 나를 위해 십자가를 지셨다. 나를 너무너무 사랑해서 십자가를 지셨다. 수십 년 전 온몸과 영혼으로 느꼈던 복음의 은혜를 한마디로 정리하면 이렇게 단순하다. 이 단순함 속에 진리가 살아 숨 쉰다. 구원의 서정이 완성된다.

보편 종교는 내가 하는 행위를 최우선에 놓는다. 그럴 수밖에 없다. 세상의 사상은 다른 기준을 찾기 어렵다. 그런데 십자가 사건이 우선순위가 되는 것은 복음뿐이다. 물론 선행, 도덕, 양심 지키는 것 등은 중요하다. 그러나 십자가 복음과의 관계에서는 그저 열매일 뿐 구원의 조건이 아니다. 일반 종교는 무엇을 가르치는가? 메카를 향하여 기도하라, 성지 순례를 가라, 촛불을 켜라, 절기를 지켜라…. 이런 식으로 형식을 강조한다. 가난한 사람을 구제하라, 제사를 드려라, 계명을 지켜라, 선한 이웃이 되라, 더 친절하라, 황금률을 따르라 등 이것저것을 하라고 한다. 물론 좋은 일이고 귀한 일인 것은 사실이다. 그러나 '내가 해야 하는 일'이 우선순위인 보편 종교는 결코 십자가의 신비를 깨달을 수 없다.

　기독교는 차원이 다른 문제를 다룬다. 기독교는 계시의 종교다. 인간이 하나님을 찾는 것이 아니라 하나님이 인간을 찾아오신 종교가 바로 기독교다. 무신론의 대표적인 철학자 니체를 예로 들어 보자. 우리가 철학 사상으로 그와 논쟁해서 이길 수 있겠는가? 베스트셀러《만들어진 신》의 작가 리처드 도킨스를 만난다면, 우리가 그의 지성에 비길 수 있을까? 이런 수재들도 깨닫지 못하는 십자가의 신비를 내가 깨달았다니, 정말 탄성이 저절로 나올 일이다. 온갖 선행, 당위와 의무가 우선이 아니라 나를 위한 십자가 은혜가 우선순위가 되었다는 이 놀라운 신비를 내가 깨닫게 됐다는 사실을 생각하면, 자다가도 벌떡 일어날 일이다. "나 십자가 대할 때에 그 일이 고마워 내 얼굴 감히 못 들고 눈물 흘리도다." 눈물로 고백할 수밖에 없다. "주 달려 죽은 십자가 우리가 생각할 때에" 기가 막힌 일이 벌어졌다. 나에게 너무나 신비한 일을 이루신 주님 앞에서 감사하고 그분을 세상에 자랑할 뿐이다.

"나는 예수님을 90퍼센트 믿지만 내 노력이 10퍼센트는 더 들어가야 한다." 이런 식으로 이야기하는 분들이 의외로 많다. 그러나절대 그렇지 않다. 주님은 이 생각을 거절하신다. 예수님의 십자가를 100퍼센트 믿지 않으면, 100퍼센트 의지하지 않으면, 그 은혜를100퍼센트 믿지 않으면 우리는 구원받을 수 없다. 사탄은 지금도우리에게 행위 구원의 열매를 마치 구원의 필수 조건인 것처럼 꼬드긴다. 우리가 무언가 해야 한다는 생각을 집어넣어 복음의 진수를 약화시키려고 공격한다. "아무리 그래도 내가 뭘 좀 해야지, 어떻게 공짜로 구원받을 수 있는가?" 아니다. 절대 그렇지 않다.

"누구든지 온 율법을 지키다가 그 하나를 범하면 모두 범한 자가 되나니"(약 2:10). 즉, 1,000가지 가운데 999가지를 잘해도 마지막 한 가지를 놓치면 다 범한 것과 같다는 뜻이다. 달걀 열 개로 요리를 할 때 썩은 달걀이 하나 들어가면 반쯤은 먹고 반쯤은 못 먹는 것이 아니다. 죄다 오염되어 버려야 한다. 아무리 잘하려고 해보지만 999가지를 잘해도 한 가지를 잘못하면 이미 오염된 것이다.우리의 행위와 도덕률 등은 십자가의 은혜를 깊이 깨달은 후에 감사의 열매로 맺혀야 하는 것일 뿐, 단 하나도 우리를 의롭게 할 수는 없다.

십자가의 절대 선은 보편 윤리를 뛰어넘는다

마지막 세 번째는 보편 윤리다. 일반 윤리가 십자가를 자랑하지 못하게 하고 복음의 신비에 들어가지 못하게 한다. 보편 윤리는 기본적으로 상대 윤리를 말한다. '기브 앤 테이크'(give and take)가 기본이다. 절대 선이 부담스러울 수밖에 없는 것이 인간의 보편 윤리가 가진 현주소다.

십자가 안에 들어오면 정말 놀랍게도 사람이 새로워진다. 도덕적 결단을 하게 되는 것이다. 이것이 십자가의 신비다. 그런데 솔직히 그런 변화를 부담스러워하는 이들이 많다. 새로워지기 싫은 것이다. 고대 로마 사회, 바울이 활동했던 시대는 성적으로 굉장히 문란했다. 이혼 재혼 삼혼은 말할 것도 없고 동성애가 극에 달해 있었다. 존 스토트 목사는 정확하게 지적한다. "사람들이 왜 예수를 못 믿는가? 도덕적 결단을 못하기 때문이다." 워낙 오염된 세태 속에서 마냥 깨끗해져야 하는 것만 같아 편하지 않다. 성적으로 오염되어 있는 상황에서 예수 믿는다는 것이나, 갈보리 십자가 앞에 엎드린다는 것은 세상의 쾌락을 버리고 도덕적 결단을 해야 하기에 선뜻 받아들여지지 않는다. 보편 윤리를 뛰어넘는 십자가의 절대 선으로 나아가야 하기 때문이다.

복음은 그렇게 가르치지 않는다. "나는 너희에게 이르노니 너희 원수를 사랑하며 너희를 박해하는 자를 위하여 기도하라"(마 5:44).

우리의 윤리 수준 따위는 가볍게 뛰어넘는다. 보편 윤리 따위는 근처에도 오지 못하게 하는 선포다.

보편 지성, 보편 종교, 보편 윤리를 뛰어넘어야 십자가를 자랑할 수 있게 된다. 이러한 것들을 뛰어넘어야 특정 신념이나 정치적인 이념 등에 휘둘리지 않게 된다. 십자가를 자랑하는 사람들은 사람에게 충성하지 않는다. 사람에게 매이지 않고 사람으로부터 독립한다. 하나님을 전적으로 의존하고 십자가를 전적으로 의존하는 것이다. 우리가 나라에 충성하지만, 궁극적으로 충성해야 할 대상은 십자가에 달려 돌아가신 예수 그리스도 한 분뿐이다.

십자가=영광

우리가 십자가를 자랑해야 하는 이유를 살펴보자. 14절의 '자랑한다'는 말을 '영광'이라고 표현할 수 있다. 십자가를 자랑하는 것이 왜 영광인가? 세상적인 시각으로 보면 십자가는 저주와 수치에 불과하다. 그런데 그것이 어떻게 자랑을 넘어 '영광'이 된다는 것인가? 하나님의 시각, 즉 역사를 주관하는 관점에서 보면 십자가는 영광스럽고 놀라운 것이기 때문이다.

예수님께서 어느 날 제자들에게 말씀하셨다. "이제 앞으로 내가 십자가를 져야 한다. 고난을 당해야 한다." 요한복음 12장 23절을 보라. "예수께서 대답하여 이르시되 인자가 영광을 얻을 때가 왔도다." 놀라운 말씀이 아닐 수 없다. 예수님은 당신께서 십자가에 달려 돌아가실 때가 왔다는 말씀을 "인자가 영광을 얻을 때가 왔다"라고 밝히 말씀하셨다. 그러니까 십자가와 영광이 서로 대체되는 것이다. 상식으로는 도저히 이해되지 않는다. 세상이 볼 때 십자가는 수치와 부끄러움의 상징일 뿐이기 때문이다. 그러나 성령으로 거듭난 하나님의 백성에게는 십자가가 곧 영광이다. 찬란하게 빛나는 영광이다. 할렐루야!

신구약 전체에 나타난 중요한 사상 중 하나가 '하나님의 영광'이다. 쉐키나의 영광, 성막의 영광을 이야기하는 것이다. 성전의 영광 그리고 하나님 임재의 영광을 논하는 것이다. 예수님이 이 땅에 육신의 몸을 입고 탄생하실 때 천사들이 "지극히 높은 곳에서는 하나님께 영광이요"라고 하지 않았던가? 왜 이것이 영광일까? 이 땅에 주님이 인간의 몸을 입고 오셔야 피를 흘리실 수 있기 때문이다. 영으로는 피를 흘릴 수 없다. 피 흘림이 없이는 죄 사함이 없기 때문에 예수님이 이 땅에 몸을 입고 오셔야 했다. 이는 하나님의 입장에서 너무나 영광스러운 일이었다. 모든 성도에게도 찬란한 영광 중의 영광이다.

앞으로 코로나19 사태를 극복하면서 우리가 금과옥조처럼 삼아야 할 슬로건이 생겼다. 한국교회 성도 모두의 삶에 있는 수치와 부끄러움, 어려움과 고통과 아픔과 모든 좌절이 십자가라는 터널만 통과하면 영광으로 변화된다는 것이다. 한국교회는 이 고난과 모든 어려움을 십자가의 능력을 자랑하는 가운데 잘 통과할 것이다. 하나님께서 반드시 교회에 영광을 주실 것이다. 개인도 마찬가지다. 우리는 걸어 다니는 교회다. 우리는 무형교회다. 모든 주의 백성이 예수님의 십자가를 묵상하고 십자가를 통과하여 극복해나갈 때 반드시 영광을 주실 것이다.

어설프게 아는 자가 교만하다

1969년 7월 아폴로 11호가 처음 달에 도착했을 때의 일이다. 역사의 주인공은 두 사람이었다. 한 명은 우리가 잘 아는 닐 암스트롱(Neil Armstrong), 또 한 사람은 버즈 올드린(Buzz Aldrin)이다. 당시에는 흑백텔레비전으로 그 광경을 지켜보았다. 역사적인 순간이었다. 닐 암스트롱이 달에 착륙해서 내리려고 할 때 버즈 올드린이 말했다. "잠깐만 기다립시다. 우리가 해야 할 일이 하나 있습니다." 버즈 올드린은 당시 텍사스에 있는 한 교회의 장로였다. 그는 "달에 착륙하기 전에 성찬식을 하면 어떻겠습니까?"라고 말한 뒤 달에 첫발을 내딛기 전에 십자가를 생각하고, 감사하고, 자랑하며 준비해온 빵과 포도주로 성찬식을 했다.

달의 중력이 지구의 6분의 1이기 때문에 포도주는 천천히 잔에

함께 재건: 말씀, 고난에 답하다

차올랐다. 이윽고 버즈 올드린은 성경을 읽기 시작했다. "나는 포도나무요 너희는 가지라 그가 내 안에 내가 그 안에 거하면 사람이 열매를 많이 맺나니 나를 떠나서는 너희가 아무것도 할 수 없느니라"(요 15:5). 십자가의 은혜를 깨달은 사람만이 고백할 수 있는 내용이었다.

역사책은 발을 내딛은 이벤트만 기록했다. '달 착륙' 하면 사람들은 대부분 닐 암스트롱의 이름을 떠올린다. 그것이 세상 역사의 안목이고 평가다. 그러나 하나님의 눈으로는 버즈 올드린이 훨씬 더 중요한 사람이다. 그는 달에 도착했을 때 무엇보다 십자가를 자랑하고 보혈의 은혜를 떠올리며 감사드렸다. 달을 걸어본 첫 번째 사람으로 기억되기보다는 성찬식을 통해 십자가의 은혜에 감사하고 자랑하는 주님의 제자로 기억되기를 원한 것이다.

다이앤 케인(Diane Kane)이라는 우주과학자가 있다. 특별히 나사(NASA)에서 우주인들을 교육하는 직무를 수행하는 사람이다. 한 인터뷰에서 그녀는 이렇게 말했다.

수많은 과학자와 우주비행사와 일했지만 우주에 다녀온 후 신앙이 약해진 사람을 본 적이 없습니다. 오히려 믿음이 더 강해졌어요. 제가 아는 우주비행사 한 분은 우주에 다녀와서 이렇게 말했습니다. "만일 떠날 때 하나님을 믿지 않았다면 우주에서 돌아왔을 때는 하나님을 반드시 믿게 될 것입니다." 그들이 우주에서 보고 온 것은 하나님의 부재가 아니라 우주의 위대한 설계자이신 전지전능하신 하나님이셨어요.

한국교회 젊은이들은 보편 지성의 영향 아래 과학과 신앙이 어울릴 수 없는 것처럼 교육을 받아왔다. 그러나 사실 탁월한 과학자들 중에 훌륭한 그리스도인이 많다. '게놈 프로젝트', 즉 인간의 유전자를 분석하는 총괄 책임을 맡은 생물학자도 그리스도인이다. 어설프게 아는 자가 교만한 것이다. 십자가를 알고 인생의 고난을 아는 사람은 반드시 주님을 구세주로 고백하게 되어 있다. 한국교회 모든 성도가 십자가 영광을 회복하면 코로나19 사태는 물론이고 모든 삶의 영역에서 영적으로 승리할 것을 믿는다.

십자가로 종결된다

기독교 신앙의 핵심은 십자가로 종결된다. 십자가야말로 핵심 진리이며 인류 역사에서 가장 중요한 사건이다. 주님의 십자가는 우리 삶의 메시지요 삶 자체이고, 희망이요 거룩한 자신감이며 영광의 배지다. 앞으로 이 십자가를 더욱 사랑하는 사람이 되길 기도한다. 이 십자가를 더 전하고 십자가의 복음을 결코 부끄러워하지 않는 사람이 되자.

예수님께서 십자가에서 상처를 받으셨기에
우리는 치유받을 수 있다.
예수님께서 십자가 지시며 수치와 조롱을 당하셨기에
우리는 기쁨과 즐거움을 누릴 수 있다.
예수님께서 십자가로 정죄를 받으셨기에
우리는 자유로워질 수 있다.
예수님께서 가시 면류관을 쓰셨기에
우리는 생명의 면류관을 쓸 수 있다.
예수님께서 십자가에 못 박히셨기에
우리는 무서운 심판을 면할 수 있다.
예수님께서 십자가에서 목마르셨기에
우리는 흘러넘치는 생수를 마실 수 있다.
예수님께서 십자가에서 죽임 당한 어린양이 되셨기에
우리는 영원한 생명을 얻을 수 있다.
예수님께서 십자가에서 아버지께 버림받으셨기에
우리는 하나님을 아빠 아버지라 부를 수 있다.
예수님께서 십자가에서 피 흘리셨기에
우리 죄가 눈처럼 희어지는 영광의 수혜자가 되었다.
예수님께서 십자가에서 다 이루셨기에
우리는 영광스러운 믿음의 행보를 시작할 수 있다.

"테텔레스타이"(다 이루었다). 십자가에서 다 이루셨기 때문에 우리도 십자가의 터널을 통과하면 주님이 예비하신 영광을 체험하는 인생, 가정, 교회, 민족이 될 것이다. 십자가의 신비와 하나님의 은혜를 오늘 내 것으로 만드는 우리가 되길 간절히 소망한다.

복음을 미련하게 보는 세상 속에서
나는 '십자가 뒤에' 감추고
오직 십자가만 자랑하게 하사
위대한 십자가의 흔적을 간직한
능력의 전사로 승리하게 하옵소서.

사랑하는 주님 섬기리

· 원제 I Will Serve Thee
· 작사 Gloria Gaither
· 작곡 William J. Gaither

사랑하는 주님 섬기리
생명 주신 예수님

버려진 날 찾아오셔서
내게 생명 주셨네

찢긴 내 맘과 삶에
갈보리 언덕에 흘린 피로

생명 주신 예수님
나 영원히 섬기리

함께 재건: 말씀, 고난에 답하다

현대 가스펠 음악에 지대한 영향을 끼친 게이터가의 작품이다. 빌 게이터와 글로리아 게이터 부부는 〈살아계신 주〉를 비롯해 전 세계에서 오랫동안 큰 은혜를 끼치는 곡들을 보급해왔으며, 지금도 사역을 펼쳐가고 있다. 이 곡은 아내인 글로리아 게이터가 작곡했는데, 그녀는 약 700곡의 찬양을 작곡했고, 미국저작권협회에서 수여하는 '세기의 작곡자' 상을 받을 정도로 활발한 사역을 감당했다. 이 곡은 그녀가 가장 왕성하게 활동할 당시 발표되었다.

〈사랑하는 주님 섬기리〉의 원가사를 살펴보면 내가 주님을 섬기는 이유와 동기가 주님을 향한 사랑임을 분명하게 나타낸다. 사랑하기 때문에, 또 생명을 주셨기 때문에 주님을 섬기는 것이 마땅하다고 고백하는 것이다. 사랑의교회에서 드린 주일 예배도 마찬가지 마음을 담고 있다. 수많은 성도들의 고백 속에는 그저 하나님을 사랑하기 때문에, 하나님께서 우리에게 생명을 주셨기 때문에 주님 앞에 나왔다는 간결하고도 순결한 마음이 담겨 있다. 예배당에 들어오기만 해도 눈물이 핑 돌고, 찬양을 하기 위해 입술을 열 때 눈물이 주님의 발 앞에 떨어지는 뭉클한 순간이 곡에 담겨 주님께 드려졌다.

제8장

부활

부활, 현재를 살게 하다

23 예수께서 이르시되 네 오라비가 다시 살아나리라 24 마르다가 이르되 마지막 날 부활 때에는 다시 살아날 줄을 내가 아나이다 25 예수께서 이르시되 나는 부활이요 생명이니 나를 믿는 자는 죽어도 살겠고 26 무릇 살아서 나를 믿는 자는 영원히 죽지 아니하리니 이것을 네가 믿느냐 27 이르되 주여 그러하외다 주는 그리스도시요 세상에 오시는 하나님의 아들이신 줄 내가 믿나이다(요 11:23-27).

메시지의
핵심을 담은
3분 영상

함께 재건: 말씀, 고난에 답하다

많은 사람이 예수 믿는다고 하면서도 "예수님이 정말 부활하셨는가?", "정말 사흘 만에 살아나셨는가?" 하는 문제로 평생 씨름하는 모습을 보았다. 끝내 확신을 갖지도 못한 채 어정쩡하게 무덤으로 가는 이들이 있다. 교회를 다녔지만 이런 질문에 확신 없이 회색 지대에 머물다가 부름받는 사람들이 많다.

2천 년간 이어져온 교회 역사에서 부활 사건이 갖는 중요한 의미를 세 가지로 정리할 수 있다.

첫 번째, 부활은 역사적 사실이다. 이것은 흔들림 없는 팩트(fact)다. 성경과 교회사를 통해서도 확인 가능하다. 부활은 모든 증거들을 가지고 증명할 수 있는 역사적 사실이다.

두 번째, 그 사실을 믿으면 마음속에 기쁨이 있다. 이 기쁨은 세상이 주는 것과 차원이 다르다. 오직 예수 그리스도의 십자가 사건만이 기독교를 기독교이게 하는 기준이 된다.

세 번째, 이 기쁨을 체험한 사람들은 혼자 가만히 있지 못하고 다른 사람에게 이 사실을 전하며 선포하는 부활의 증인이 된다. 복음의 시작이자 마침표였던 십자가와 부활을 전하지 않을 수 없다. 역사, 기쁨, 증거. 교회 역사에는 이 세 가지가 면면이 드러나는데, 이 내용을 중심으로 부활에 대해, 부활을 개인의 삶에 어떻게 적용할 수 있는지에 대해 총정리를 해보려 한다.

만약 부활이 가짜였다면

예수님이 부활하셨다는 사실에 관한 수많은 증거 중 첫 번째가 빈 무덤이다. 세상 유명 종교의 창시자들은 대부분 화려한 무덤에 잠들어 있다. 사람들은 그 무덤에 몰려와 참배한다. 중국 산둥성 취푸에는 공자의 무덤이 있는데, 규모가 엄청나다. 넓은 땅에 공자의 묘를 비롯해 수많은 후손들의 묘가 있고 울창한 숲과 거대한 건물들이 있어 마치 왕궁을 연상시킨다. 사우디아라비아의 메카에 가봐도 같은 느낌을 받는다. 이슬람교의 성지인 카바 신전은 창시자 무함마드의 묘는 아니지만 보기에도 굉장한 규모를 뽐낸다.

그런데 기독교는 완전히 다르다. 예수님의 무덤은 바위를 파서 만들어진 곳에 있는데, 고개를 숙이고 들어가야 한다. 무덤이라고 부르기 무색할 정도로 초라하다. 무엇보다 아무것도 남아 있지 않은 빈 무덤이다. 우리 주님의 무덤은 비어 있다.

예수님의 부활 사건에 대해 과학적으로 밝혀보겠다고 파고든 시도가 많이 있었다. 특히 예수님은 숨을 거둔 일이 없다는 등 십자가 위에서 기절한 상태였다가 나중에 정신이 돌아온 것이라는 등 이런저런 추정을 내놓는 사람들이 있다. 하지만 이는 사실이 아니다. 로마 병사가 창으로 옆구리를 찔렀을 때 물과 피가 뿜어져 나온 것은 실제 의학적으로 사망해야만 일어나는 현상이다. 예수님은 육신적으로 확실히 돌아가신 것이다. 또한 "수의는 헝클어지지 않았다"라는 유의 주장도 있다.

그러나 빈 무덤은 여전히 부활의 가장 직접적인 증거다. 역사상 가장 뛰어난 법의학자 중 한 명으로 런던 대학교 학장이자 하버드 대학교 종신교수였던 노먼 앤더슨(Norman Anderson)은 예수 그리스도의 빈 무덤에 대해 이렇게 말했다. "빈 무덤은 부활을 논박하는 모든 이론을 단숨에 파괴해버리는 단단한 바위와 같다." 재론의 여지가 없다. 예수님은 부활하셨고 무덤은 비어 있었다.

부활의 두 번째 증거는 예수님의 제자들이 보여준 혁명적인 변화다. 제자들은 본래 겁쟁이들이었다. 예수님이 십자가에 달려 돌아가실 때 뿔뿔이 흩어지고 꽁무니를 빼기 바빴다. 만약 예수님이 부활하지 않았다면 제자들이 부활 이후 보여주었던 드라마틱한 변화를 설명할 길이 없다. 매우 특별한 충격과 자각이 없었다면 제자들이 순교에 이르도록 예수님을 전할 가능성은 전무했다. 열두 제자 중에 사도 요한을 제외한 나머지 열한 명이 순교했다. 만약 부활이 거짓이었다면, 그들이 부활하신 주님을 만나지 못했다면 어떻게 자신의 목숨을 던질 수 있었을까?

가룟 유다 대신 열두 사도의 일원이 된 맛디아도 순교했다. 사도 바울은 물론이고 그의 전도팀에 속했던 많은 사람들, 바나바, 실라, 누가, 디모데, 디도까지 대부분 순교했다. 부활이 확실하지 않다면 어떻게 이들이 순교할 수 있었을까? 하나뿐인 생명을 초개같이 던지면서도 감사와 찬양으로 영광을 돌리며 숨져갔던 순교자들의 심장을, 그 뜨거웠던 피를 무슨 수로 설명하겠는가?

부활의 세 번째 그리고 강력한 또 하나의 증거는 부활을 목격한 증인들이 존재한다는 것이다. 이에 대한 내용은 일명 '부활장'으로 불리는 고린도전서 15장에서 찾을 수 있다. "그 후에 오백여 형제에게 일시에 보이셨나니 그중에 지금까지 대다수는 살아 있고 어떤 사람은 잠들었으며"(고전 15:6). 부활하신 예수님을 자기 눈으로 목격한 사람이 수백 명, 아니 수천 명이었다. '부활'이라는 사건을 숨길 수 없었다. 만약 부활이 가짜였다면 어떻게 2천 년의 세월을 넘어 흔들림 없는 사실이 될 수 있었겠는가?

예수님은 막달라 마리아, 엠마오로 내려갔던 두 제자 그리고 도마와 다른 사도들 앞에 나타나셨을 뿐 아니라 여러 명의 형제들에게도 모습을 드러내셨다. 부활 후에 여러 사람에게 나타나신 이유는 죽은 자는 산 사람에게 나타날 수 없으니 자신을 보고 부활의 영광을 믿으라고 하신 것이다.

이렇게 우리는 부활의 사건에 관해 땅 끝까지, 세상 끝 날까지 예수 그리스도의 부활을 전하는 증인으로 살아가야 한다. '증인'은 본래 법정 용어였다. 부활이라는 팩트에 목숨을 걸고서라도 일어난 일 그대로 증언하는 사람을 의미한다.

이제는 끝났다고 생각할 그때

베드로는 예수님의 부활에 대해 확인 도장을 꽉 찍는다. "이 예수를 하나님이 살리신지라 우리가 다 이 일에 증인이로다"(행 2:32). 베드로의 내밀한 고백이면서 담대한 선포다. 부활의 실체에 대한 구체적 변증이다.

예수님의 부활 사건은 단순히 2천 년 전 주님이 경험하신 이야기로 끝나는 것이 아니다. 어느 때보다 지금 십자가 부활의 역사가 일어나야 한다. 사도행전 8장과 9장에 보면 스데반의 순교로 시작된 예루살렘의 핍박 때문에 모든 성도가 뿔뿔이 흩어졌다. 그래서 "이제는 교회가 끝났구나…" 하며 실망하고 있었다. 그런데 끝이 아니었다. 스데반의 순교 사건 등 점차 심각해진 박해 때문에 흩어진 성도들로 인해 안디옥교회가 태동한 사실이 사도행전 11장에 기록되어 있다. 더 이상 희망을 갖기 어렵고 마치 퇴보한 것처럼 보이는 상황에서 오히려 세계선교가 본격적으로 시작되었다. 안디옥교회를 통하여 교회는 새로운 선교모델로서의 역할을 맡게 되었다. 최근의 코로나19 사태도 마찬가지라고 본다. 어려움이 있을 때 하나님이 은혜를 주셔서 모든 현장에 부활의 능력이 나타나도록 역사하실 것을 간절히 소망한다.

부활은 그것을 믿는 자에게 고백이고 선포이며 실체가 된다. 요한복음 11장 25절에 예수님께서 직접 시원하게 정리해주셨다. 복음의 핵심이자 부활의 정의를 단칼에 규정하신 것이다. "예수께서 이르시되 나는 부활이요 생명이니 나를 믿는 자는 죽어도 살겠고." 이 말씀에는 강력한 능력이 있다. 뼈에 새겨도 부족할 지경이다. 암송하는 것으로 그치지 말고 완전히 내 삶에 체화되도록 해야 한다. 예수님께서 자신에 대해 직접 말씀하셨다. "나는 부활이다. 나는 생명이다."

이것은 고백이요, 선포이자, 실재인 말씀이다. '생명'이라는 말은 예수님이 생명의 주인공이요 생명의 창조자요 생명의 원천이요 생명의 공급자라는 뜻이다. 생명의 공급자와 원천 앞에서는 죽음의 그림자가 감히 얼씬거리지 못한다. 예수님이 말씀하신 '부활'은 무슨 뜻인가? 예수님 자신이 부활 그 자체요 부활의 창조자요 부활의 공급자요 부활의 완성자라는 뜻이다. 도대체 어떤 존재가 이런 고백을 할 수 있을까? 오직 예수 그리스도 외에 그 누가 사망 권세를 단번에 깨뜨리고 부활을 성취해내었던가?

사도 바울도 예외가 아니었다. 그 역시 놀라운 고백을 내놓는다. 부활의 실체적 진실을 선포한다. 부활의 영광을 누구보다 깊이 체득한 바울은 뭐라고 이야기했던가? 로마서 8장 11절에는 놀라운 말씀이 기록되어 있다. "예수를 죽은 자 가운데서 살리신 이의 영이 너희 안에 거하시면" 즉, 부활의 영에 대한 깨달음과 은혜와 성령이 우리 안에 거하시면, "그의 영으로 말미암아 너희 죽을 몸도 살리시리라." 아멘! 이 부활의 영, 생명의 영, 생명의 공급자, 창조의 영이 우리에게 들어오시면 우리의 죽을 몸도 살리실 것이다.

이 말씀은 미래에 영원한 생명을 얻는 것도 포함하지만, 현재의 상황에도 구체적으로 적용된다. 특히 코로나19 사태 한가운데서 소망을 잃고 무거운 짐을 진 우리에게 "현재에 살려주시리라"는 것을 믿으라고 권면한다. 우리는 단지 고백에서 끝내지 말고, 모든 환경과 상황에서 부활의 영광을 실제로 경험해야만 한다.

2퍼센트 부족한 대답

"나는 부활이요 생명이니 나를 믿는 자는 죽어도 살겠고"(25절). 이 말씀을 하신 배경에는 한 여인이 등장한다. 마르다와 마리아, 베다니의 나사로는 형제간이었다. 예수님은 이들을 무척 아끼셨다. 그런데 나사로가 큰 병이 들어 죽게 되었다. 다급해진 마르다와 마리아가 예수님께 연락을 취해 "우리 오빠가 죽게 되었으니 빨리 오셔서 고쳐주세요!"라고 부탁을 드렸다.

그런데 예수님은 일부러 기다리셨고, 그사이 나사로는 숨을 거두었다. 예수님께서 뒤늦게 도착하시자 여인들은 이미 오빠가 죽었다며 주님께 슬픔을 토로한다. 그런데 예수님은 "너희 오빠는 산다"라고 하셨다. 그러고 나서 하신 말씀이 "나는 부활이요 생명이니 나를 믿는 자는 죽어도 살겠고"였다.

말씀을 직접 들은 마르다는 이렇게 대답했다. "마르다가 이르되 마지막 날 부활 때에는 다시 살아날 줄을 내가 아나이다"(24절). 틀린 말은 아니었지만 예수님이 보시기에 2퍼센트 부족한 답변이었다. 예수님은 마르다가 부활과 그 영광을 완전하게 이해하지 못했음을 아셨고, 조금 더 부활 신앙으로 다듬어져야겠기에 그런 말씀을 하신 것이다.

마르다는 오빠 나사로가 살아날 것이라고 말씀하시는 예수님께 "마지막 날에 다시 살아날 줄을 믿습니다"라고 대답했다. 이에 대해 예수님은 놀라운 말씀을 하셨다. "무릇 살아서 나를 믿는 자는 영원히 죽지 아니하리니 이것을 네가 믿느냐"(26절). 마르다가 부활에 대해 갖고 있던 생각은 당시 일반적인 유대인들의 인식에 따른 것이었다. 한마디로 "앞으로 미래에 다시 살 것을 믿습니다"였는데, 이처럼 유대인들은 사후에 부활한다는 사실을 믿었다. 예수님을 가까이에서 믿고 따랐던 마르다도 그 정도 수준의 이해를 갖고 있었던 것이다.

하지만 번지수를 잘못 짚은 답변이었다. 주님의 말씀은 단순하고 익숙한 개념을 확인하는 수준이 아니라 이런 의미였다. "마르다야, 그게 아니란다. 오늘의 현실 가운데 부활의 능력이 있다는 것을 너는 정말 믿고 있느냐?" 두 질문 사이에는 큰 간극이 있다. "마르다야, 네가 지금 말한 마지막에 부활한다는 것이 틀린 대답은 아니다. 하지만 부활에 대해 네가 전혀 모르는 것이 있구나."

27절에서 그녀가 대답했다. "주여 그러하외다 주는 그리스도시요 세상에 오시는 하나님의 아들이신 줄 내가 믿나이다." 이 고백 자체에는 흠잡을 데가 없다. 하지만 답변 직후 예수님이 무덤을 막아놓은 돌을 굴려내고 나사로를 살리시려 할 때 마르다가 한 말을 들어보면, 그 고백에는 뭔가 핵심이 빠진 것처럼 보인다. "주여 죽은 지가 나흘이 되었으매 벌써 냄새가 나나이다"(요 11:39).

이미 예수님은 알고 계셨을 것이다. "마르다야, 네가 이것을 믿느냐?" 주님은 이미 다 간파하고 계셨다. 그녀가 고백하는 형식적 부활과 예수님께서 실행하시려는 실체적 부활의 차이에서 오는 간극을 이미 알고 물으셨다. "마르다야, 네가 이것을 믿느냐?"

가슴에 손을 얹어보자. 그리고 나직한 목소리로 자기 이름을 부르며 물어보자. "오정현! 너 이거 진짜 믿어?" 주님은 한 명 한 명에게 "네가 이것을 믿느냐?" 도전하신다. 우리는 예수님을 믿는다. 부활도 믿는다. 그런데 삶의 현장에서 부활의 능력으로 살아내고 있는가? 주님은 우리에게 이것을 묻고 계신다.

전격적인 V자 회복과
반전의 드라마

　우리 안에는 마르다와 같은 마음이 존재할지도 모른다. 예수님이 "부활이요 생명"이심을 성령 안에서 확실히 고백한다면 그분의 부활과 생명이 내 것이 된다는 사실을 바르게 인식해야 한다. 예수님의 생명과 부활의 영이 내게 임하는 것이다. 예수님의 생명과 부활의 영이 내게 뚫고 들어와 내 속에서 역사하기 시작하는 것이다. 이처럼 현재 삶에서 부활을 누리느냐 마느냐는 상상을 초월할 정도로 중요한 주제다. "부활적 삶이 현재적 삶으로 이어진다." 그래서 내 앞에 있는 수많은 장애물과 난관을 돌파할 수 있도록 만들어 주신다. 이 땅에서의 삶이 부활을 맛보는 것이다.

　코로나19 사태로 전 세계가 마치 일시 정지된 것만 같다. 이것을 주께서 우리에게 보내신 리셋(reset) 신호로 받아들인다면 이 기간을 통해 우리가, 이 나라가, 나아가 전 세계가 다시 시작해야 한다는 뜻이 있진 않을까? 재조정이 필요한 시기가 되었던 것 아닐까? 재조정은 또 하나의 은혜이고 특별한 섭리의 단계일 수 있다. 주님의 능력, 현재의 삶에 섭리하는 부활의 능력이 실제적으로 우리에게 임하는 순간, 어떤 상황에 있더라도 다시 시작할 힘을 얻는다. V자를 그리듯 전격적인 회복과 반전의 드라마를 써 내려갈 수 있다. 이것이 부활 생명의 영이 역동할 때 나타나는 현상이다. 개인도, 가정도, 자녀도, 국가도, 미래도 다시 그런 은혜로 가득 채워주시기를 바라는 마음이 간절하다.

주변에 시종일관 영적인 에너지가 넘치는 사람이 떠오르는가? 한결같이 지치지 않고 생명력 있게 살아가는 사람이 있는가? 만약 그렇다면, 그는 부활의 영, 생명의 영으로 충만한 사람이다. 부활의 영과 생명의 영이 살아 숨 쉬는 사람이다.

우리는 인간이기 때문에 육신적으로 지칠 수 있고 감정적으로 다운될 수도 있지만, 인생 전체를 놓고 본다면 언제나 푸르른 상록수 신앙을 소유한 사람이 되기를 소망한다. "당신은 어쩌면 그렇게 지치지 않고 날마다 신선한 삶을 살 수 있습니까?" 이렇게 부러움을 사는 사람으로 인정받기를 바란다.

부활 능력, 현재를 살게 하다

부활 신앙은 미래에 있을 부활 사건을 현재의 삶에 침투시키는 것이다. 막연한 희망이나 어렴풋한 기대감으로 현재를 사는 것이 아니다. 부활 능력으로 현재를 살아가게 만들어주시는 것, 미래의 부활 능력이 현재 삶 가운데 드러나는 것, 이것이 부활의 또 하나의 신비인 것이다.

창세기 5장은 죽음의 장이다. "다 죽었더라", "자식을 낳고 죽었더라", "900살을 살아도 죽었더라", "가장 오래 산 므두셀라도 죽었더라". 하지만 앞서 살펴본 로마서 8장 11절 말씀대로 "그의 영으로 말미암아 우리 죽을 몸도 살리"신다. 바울은 이것을 깨닫고 "하나님은 죽은 자를 살리시며 없는 것을 있는 것으로 부르시는"(롬 4:17) 분이라고 노래했다. 현재를 살아가게 하는 미래의 부활 능력이 오늘 우리에게 임하는 것이다.

"우리 주 예수 그리스도로 말미암아 우리에게 승리를 주시는 하나님께 감사하노니"(고전 15:57). 고린도전서 15장은 '부활장'이다. 여기서 "주시는"(giveth)이란 단어를 주목해보자. 이 표현은 현재시제다. 원어인 헬라어에는 독특한 표현 방식이 있다. 현재시제가 강조될 때는 그것이 계속 반복되고 반복됨을 표현한다는 것이다. 한 번으로 끝나지 않는다. 매일 우리 짐을 지시고, 날마다 승리를 주시는 하나님이라는 의미를 담고 있다. 미래에만 승리를 주시거나 그 때 가서야 영원한 생명에 들어가게 하시는 것이 아니다. 바로 지금, 이곳에서도 죄로 인한 고통과 죄가 가져온 모든 아픔을 극복하게 하신다.

부활 생명, 질서를 바꾸다

우리에게 부활과 생명의 영이 현재적으로 나타나면 질서가 바뀌기 시작한다. 세상 질서에서 하늘의 질서로, 죽음의 질서에서 부활의 질서로 전환된다. 육신의 질서, 죽음의 질서에서 생명의 질서, 부활의 질서로 우리 생애를 바꾸어주시는 것이다.

가정이 깨지고 부부관계가 어려운 분이 있는가? 이 땅에서의 삶은 죄의 질서 안에 머물기 쉽다. 죄로 인한 아픔이 있기 때문에 서로를 비난하고 다투는 것이다. 아담과 하와가 서로를 비난했던 것처럼 부부가 깨질 때는 상대방에게 마구 퍼붓는다. 비난하고 깎아내린다. 용서고 뭐고 눈에 보이는 것이 없다. 결말은 자명하다. 가정 하나가 또 '죽는 것'이다. 사람들에게 인기를 끄는 드라마 중에는 등장인물이 이혼했거나 이혼의 위기를 겪으며 서로 속이고 미워하고 다투는 내용이 많다. 참 안타까운 일이 아닐 수 없다.

하늘의 질서, 부활의 질서, 생명의 영이 임하면 삶이 판이하게 달라진다. 예수님의 부활 생명이 내게 실재가 되면 어떤 일이 일어나는가? 남편이 상식 밖의 행동을 해서 아내가 마음에 상처를 받고 화가 나면 무슨 일이 벌어지는가? 아이들이 학교를 가지 못한 지가 두 달이 넘어가는 지금, 가정마다 오만 가지 에피소드가 들려온다. 가령 '돌밥, 돌밥, 돌밥' 한다는 것이다. 돌아서면 밥 달라 그래서 하루 세 끼니 차리는 게 무섭다는 엄마들이 많다. 게다가 남편들도 재택근무네 사회적 거리 두기네 해서 집 안에 꼼짝않고 있으니 이만저만 번거로운 일이 아니다.

그렇다. 세상의 질서, 육신의 질서, 죽음의 질서로는 서로 상처를 주고 티격태격하면서 점점 어려워질 수밖에 없다. 가정이야말로 함께 힘을 합쳐 하나님의 질서, 부활의 질서, 생명의 질서가 가득해야 하는 곳이다. 부부 공동의 책임이다.

"주님, 부활의 영이신 주님께서 나를 찾아오셔서 도와주옵소서." 이렇게 인격적으로 의탁하는 순간, 신기하게도 부활의 생명이 가슴속에서 작동하기 시작한다. 영적인 엔진이 걸리기 시작한다. 거듭난 하나님의 자녀에게 주어진 특권이다. "주님은 죽음을 이기신 구세주이십니다." 상대와 상황을 보는 시각이 바뀌는 것이다. '아, 남편이 저렇게 내 속을 긁지만 그래도 아직까지 건강한 것 감사합니다.' '자식들이 저렇게 돌밥, 돌밥 해도 사고 치지 않고 곁에 있는 것 감사합니다.' 돌아보니 평범한 삶 자체가 얼마나 감사한 것이었는지, 부활의 생명이 임할 때 평범한 삶이 얼마나 소중하고 가치 있는 것이었는지 새삼 깨닫는 요즘이다.

"갑자기 삶이 멈췄습니다. 일상을 접고 격리되었습니다. 친구들과 만나 담소를 나누는 커피타임도 과거의 추억이 되었고, 주일날 예배당에 나와 드리던 공예배의 기쁨도 아련하게 잊히고, 벚꽃 길을 산책하며 겨울을 이긴 봄의 왈츠를 감상할 사치조차 망각하는 시간이 되었습니다."

어르신 목사 한 분이 보내온 문자메시지의 내용이다. 한 번도 경험하지 못했던 사태와 맞닥뜨리니 비로소 우리의 일상이 복이었음을 깨닫는다. 친구들과 차 한잔하는 시간의 소중함을 깨닫고, 때때로 무료하기조차 했던 주일 예배가 거룩한 특권임을 깨닫게 되었다. 당연한 줄 알았던 일상이 잠시 멈춘(pause) 김에, 이 위기를 기회로 삼아 부활의 능력으로 리셋(reset)을 하면 새로운 능력이 임한다. 영적 생활에 다시 초점을 맞추는 것이다.

문자는 이렇게 이어졌다. "사랑하는 성도 여러분, 요즘 코로나로 힘드시죠? 저도 많이 지쳤습니다. 사람들도 더 이상 교회에 오지 않고, 그래서 이제는 절에나 들어갔으면 좋겠습니다. 그 절에서 제발 같이 만나고 싶습니다. 그 절에서 함께 만나도록 기도해주십시오. 제가 여러분과 만나고 싶은 절은 … 부활절입니다."

나는 한참을 웃었다. 부활 생명의 영이 우리에게 임할 때 삶의 두꺼운 벽을 뚫는 부활의 생명력이 우리에게 회복된다. 예를 들어, 회사에서 나의 수고를 가로채는 동료들이 있는가? 힘들여 쌓아놓은 일들을 낚아채는 사람들이 있다면 전에는 목구멍까지 분노가 솟구쳤을 것이다. 그때 부활의 영, 생명의 영이 내 안에 역동적으로 역사하도록 기도해보자. '그래, 이것도 한번 주님께 맡겨보자. 잘못을 지적하면서 공격할 수도 있지만 눈 딱 감고 주님께 맡겨보자.' 이렇게 기도하면서 자신을 추스를 수 있다면 부활의 생명을 현재적으로 살아내는 것이다.

다시 예루살렘으로

〈예루살렘 타임즈〉의 1면에 나사렛 예수가 죽었다는 기사가 대문짝만하게 실렸다고 상상해보자. 당시엔 충분히 그럴 만한 소식이었다. 그 기사를 보고 두 제자가 실망한 걸음으로 터벅터벅 고향으로 돌아가고 있었다. 그들은 삶의 의욕과 목적을 송두리째 잃어버린 모습이다. 그런데 엠마오로 가는 두 제자는 길에서 한 사람을 만나 그와 동행한다. 나중에 알고 보니 그가 바로 부활하신 예수님이었다. 주님이 직접 만나주신 것이다. 뿐만 아니라 실의에 빠진 두 사람의 마음을 잘 알고 계신 주님은 그들에게 차분히 말씀을 하나하나 풀어주시기까지 했다.

부활하신 주님은 코로나19 사태로 우리에게 닥쳐온 여러 가지 어려움을 잘 알고 계신다. 주님이 인생의 목표와 방향을 잃고 실망한 사람들과 같이 걸으셨다는 사실을 기억하라. 예수님은 실망한 사람들에게 말씀을 주셨다. 부활하신 주님이 직접 말씀을 열어주셨다. 다시 한번 마음이 뜨거워지고 영적 엔진이 점화되고 멈춰버린 삶이 리셋되기 시작했다. 그들에게 주님이 떡이나 여비를 보태주신 것도 아니었다. 병을 고쳐주거나 기적을 베풀어주신 것도 아니었다. 단지 말씀을 깨닫게 해주셨는데 그 말씀이 엠마오로 가던 두 제자의 영을 소생시켰다. 누가복음은 이렇게 전한다. "그분이 우리와 함께 걸으시고(눅 24:15), 말씀을 주시고(눅 24:27), 말씀을 깨닫

함께 재건: 말씀, 고난에 답하다

게 하심으로 마음을 뜨겁게 하셨다(눅 24:32)." 고향으로 돌아가던 두 제자는 그렇게 해서 발길을 돌리게 되었다. 사명지였던 예루살렘으로 다시 힘차게 발걸음을 옮기기 시작했다.

'사명의 자리, 부활의 능력이 역사하는 자리, 예루살렘으로 돌아가야겠다.' 두 제자는 기쁨으로 재조정된 심령과 소명 의식을 가슴에 품고 예루살렘으로 향했다. 영적 엔진이 다시 한번 가동되기 시작하면서 나는 듯이 가벼운 발걸음을 옮겼다. 육신의 질서, 죽음의 질서, 세상의 질서로부터 빠져나와 하늘의 질서, 생명의 질서, 부활의 질서로 압도된 삶을 다시 살아갈 수 있는 힘을 얻었다. 육신의 질서, 세상의 질서, 죽음의 질서가 주는 독소를 해독할 능력을 받은 것이다.

생명 DNA, 해독 DNA

평소 관심을 가졌던 동물 중에 '몽구스'가 있다. 독사 중에 가장 독한 독을 내뿜는 녀석이 코브라다. 코브라에게 물리면 다 죽는다. 그런데 코브라에게 물려도 몽구스는 죽지 않는다. 코브라의 독을 해독하는 DNA를 가지고 있기 때문이다. 맹독을 해소하는 효소가 체내에 있어서 몽구스는 코브라에게 서슴없이 덤비는 것이다.

우리는 자신도 모르게 세상 독소에 오염되어 있다. 오염된 사상과 탐욕, 교만과 거짓이라는 독사가 맹독을 뿜어내는 상황이라 할지라도 몽구스처럼 부활의 질서, 생명의 질서, 하나님이 우리와 함께하시는 하늘 질서의 DNA가 우리에게 있다면 해독해낼 수 있다. 생명의 DNA 되시는 십자가의 보혈, 성령이 주시는 생수의 강으로 세상 독소를 이겨내는 영적인 해독의 DNA를 갖길 바란다.

세상 사람들은 이데올로기나 신념에 사로잡혀 죽음도 불사한다. 남미에 가면 체 게바라의 초상화와 그의 상징이었던 모자, 별 등을 쉽게 볼 수 있다. 그는 대지주의 아들이고 의사였다. 그런데 자기 신념에 심취하여 목숨을 버리기까지 사회주의 투쟁에 모든 것을 바쳤다. 체 게바라의 영향으로 남미가 사회주의화되기 시작했다. 쿠바로 시작해 남미라는 거대한 대륙에 이념을 광범위하게 퍼뜨렸다. 사회주의 이념에 천착했던 체 게바라의 영혼은 그 신념의 질서에 사로잡혀 있었다.

과거에 빨치산들은 공산주의 투쟁을 앞세우며 지리산으로 들어가 풍찬노숙하면서 나름 신념에 충실하게 살아보려고 발버둥질했다. 이념에 영혼을 사로잡히면 서슴없이 자기 생애를 바치는 것이다. 이념이 아니라 생명의 영, 예수님의 영, 부활의 영, 하늘의 질서, 생명의 질서, 부활의 질서가 우리를 압도하길 바란다. 부활과 생명의 영, 즉 해독의 DNA, 생명의 DNA가 우리를 완전히 회복시키는 강력하고 유일한 치료제임을 잊지 말아야 한다.

세븐일레븐

주님께서 나사로를 살리실 때 뭐라고 말씀하셨는가? "돌을 옮겨놓으니 예수께서 눈을 들어 우러러보시고 이르시되 아버지여 내 말을 들으신 것을 감사하나이다"(요 11:41). 바로 이것이다. 우리는 순간마다 예수님처럼 외쳐야 한다. "아버지여!" 마르다와 마리아는 오빠가 죽게 되는 상황이 되니까 예수님께 긴급 요청을 했다. 이처럼 힘들고 어려울 때마다 주님께 SOS를 보내자. 365일 24시간 주무시지도 않고 쉬지도 않으시는 하나님께서 우리의 긴급 요청에 응답해주실 것이다.

기억하기 쉽게 한 가지 팁을 드리고자 한다. 세계 여러 나라에 '세븐일레븐'이 있다. 우리에게는 24시간 영업하는 편의점 업체의 이름으로 익숙하다. 그런데 성경에도 세븐일레븐이 있다는 사실을 아는가? 마태복음 7장 11절이 곧 세븐일레븐이다. "너희가 악한 자라도 좋은 것으로 자식에게 줄 줄 알거든

하물며 하늘에 계신 너희 아버지께서 구하는 자에게 좋은 것으로 주시지 않겠느냐."

긴급 타전을 하자. "아버지여"에는 "주님 제 형편 아시죠?"라는 기도가 들어 있고, "제가 아버지의 자녀입니다"라는 명확한 관계가 드러나 있으며, "도와주세요!"라는 호소와 더불어 "내가 아버지를 의지합니다"라는 의지도 담겨 있다. 또한 "아버지는 충분히 다 하

실 수 있습니다!"라는 신앙고백이 담겨 있다. 그리고 "아버지여"라고 외칠 때 "주님, 감사합니다" 하는 감사도 표현된다.

하나님 아버지를 찾자. 코로나19 사태뿐만 아니라 필요할 때마다 "아버지여" 하고 외치자. 부활하신 주님께서 V자로 우리를 반등시키실 것이다. "건강도 속히 회복시켜주시고, 예배도 회복시켜주시고, 조국의 모든 것이, 정치와 사회와 문화의 모든 부문이 V자로 회복되게 하옵소서. 그래서 '예수 부활!'을 외치며 부활 불패의 기백과 부활 필승의 확신을 가슴에 품게 하옵소서. 승리의 함성을 올려드리게 하옵소서."

산헤립이 보내고 랍사게가 진두지휘했던 앗수르의 18만 5천 대군이 쳐들어왔을 때 히스기야의 간절한 기도를 들으신 하나님께서는 선지자 이사야에게 "내게 기도하는 것을 내가 들었노라"(왕하 19:20) 하고 응답하셨다. 그날 밤 여호와의 사자가 홀로 앗수르 대군 18만 5천 명을 쳐서 송장으로 만들어버렸다. 예수님께서는 내가 열두 군단도 넘는 천사들을 불러 일하게 할 수 있다고 말씀하셨다(마 26:53). 천사 7만 2천이 하나당 18만 5천 명을 처치한다고 한다면 자그마치 133억 2천 명이다.

코로나19 사태 가운데 부활절을 맞이한 우리는, 그냥 하나님이 아니라 '부활하신 하나님'을 믿는 사람임을 잊지 말아야 한다. 하나님께서 '부활의 영'과 '생명의 영'을 통해 부활 불패의 기백을 가지라고 격려하신다. 우리 생애를 위해, 우리 가정과 일터에 하늘의 천

함께 재건: 말씀, 고난에 답하다

사를 보내주시길 바란다. 우리 민족의 역사의 장래를 하나님이 장악해주시길 기도한다. 부활과 생명의 영이 임하면 결국 이 세상과 영혼의 차원에서 승리의 길로 인도해주실 것이다. 함께 기도하며 승리해나가자.

겁쟁이 제자들을
'목숨 걸고 순교하는 증인'이 되도록 이끄신
부활의 영이 내게 임하셔서,
'현재적 부활 생명의 능력'에
강력하게 사로잡힌 삶을 살게 하옵소서.

함께 재건: 말씀, 고난에 답하다

제9장

사랑

순도 높은 사랑이
새날을 연다

11 마리아는 무덤 밖에 서서 울고 있더니 울면서 구부려 무덤 안을 들여다보니 12 흰옷 입은 두 천사가 예수의 시체 뉘었던 곳에 하나는 머리 편에, 하나는 발 편에 앉았더라 13 천사들이 이르되 여자여 어찌하여 우느냐 이르되 사람들이 내 주님을 옮겨다가 어디 두었는지 내가 알지 못함이니이다 14 이 말을 하고 뒤로 돌이켜 예수께서 서 계신 것을 보았으나 예수이신 줄은 알지 못하더라 15 예수께서 이르시되 여자여 어찌하여 울며 누구를 찾느냐 하시니 마리아는 그가 동산지기인 줄 알고 이르되 주여 당신이 옮겼거든 어디 두었는지 내게 이르소서 그리하면 내가 가져가리이다 16 예수께서 마리아야 하시거늘 마리아가 돌이켜 히브리 말로 랍오니 하니 (이는 선생님이라는 말이라) 17 예수께서 이르시되 나를 붙들지 말라 내가 아직 아버지께로 올라가지 아니하였노라 너는 내 형제들에게 가서 이르되 내가 내 아버지 곧 너희 아버지, 내 하나님 곧 너희 하나님께로 올라간다 하라 하시니 18 막달라 마리아가 가서 제자들에게 내가 주를 보았다 하고 또 주께서 자기에게 이렇게 말씀하셨다 이르니라(요 20:11~18).

메시지의
핵심을 담은
3분 영상

함께 재건: 말씀, 고난에 답하다

한 번도 상상해본 적 없던 급격한 변화가 일어나고 있다. 비대면 접촉이 더 이상 어색하지 않고 사회적 거리 두기는 일상용어가되었다. 그러나 온 교회가 한자리에 모여 예배드릴 수 없는 상황은 시간이 지나도 적응되지 않는다. 성도들과 통화하거나 마주칠때면 안아주심의 본당에 함께 모여 예배드리던 것이 얼마나 행복한 일이었는지, 마음껏 말씀 듣고 찬양하고 기도하던 순간이 얼마나 복된 것이었는지 새삼 돌아본다는 말을 많이 듣는다. 그때가 그리워 몸살이 날 지경이라는 분도 있었다. 어쩌면 그렇게 내 마음과같은지 반가웠고, 영가족이 피를 나눈 형제보다 더 끈끈한 정으로묶여 있음을 새삼 확인할 수 있어 감사한 마음이 들었다.

코로나19 사태가 지속되는 가운데 드렸던 부활절 예배는 우리에게 특별한 기억으로 남아 있다. 예배를 마친 후 설교를 통해 부활하신 그리스도의 영, 생명의 영만이 이 시대의 유일한 소망임을 재확인했다는 성도들의 고백이 이어졌다. 그렇다. 우리의 신앙은 한마디로 '부활 신앙'이고 '부활의 영, 생명의 영'을 향해 나아가는 긴 항해와 같다. 이것이 본질이다. 매사에 기본이 중요하고 모든 일에는 본질이 우선되어야 한다. 이렇게 본질을 붙잡고 나아가다 보면 예수님을 사랑하는 마음이 갈수록 뜨거워진다. 마치 막달라 마리아라는 여인이 그랬던 것처럼 말이다.

인생역전, 가능한가?

빈 무덤에서 울던 막달라 마리아를 예수님이 일대일로 만나주신 감동적인 사건은 요한복음에만 등장한다. 아마도 막달라 마리아가 사도 요한에게만 자신의 이야기를 전해주었을 것이다. 그녀에 대해서는 알려진 것이 많지 않다. 신약에 나오는 여러 마리아 중에 한 명이고, 갈릴리 연안 '막달라 마을' 출신이다. 예수님이 이 땅에 계실 때 여성으로서 제자가 된 사람 중 하나이기도 하다.

부활의 직접적인 목격자인 '막달라 마리아'의 간증은 드라마틱한 이야기로 가득하다. 막달라 마리아의 과거는 어둠으로 가득했다. 코로나 바이러스보다 훨씬 지독한 '귀신 바이러스'의 공격에 억눌려 숨 막히는 삶을 살았다. 누가는 그녀에 대해 이렇게 기록했다. "또한 악귀를 쫓아내심과 병 고침을 받은 어떤 여자들 곧 일곱 귀신이 나간 자 막달라인이라 하는 마리아와"(눅 8:2).

한둘도 아닌 '일곱 귀신'에게 사로잡혔던 여자가 막달라 마리아였다. 귀신 하나만 들어도 끔찍한데, 일곱 귀신이 들어왔으니 인생이 얼마나 비참했겠는가? 어떻게 그런 지경이 되었는지는 모르지만 그녀는 일곱 귀신에게 지배당한 채 귀신의 노예가 되어 고생했다. 일곱 귀신의 능력과 영향력이 인생을 마비시켰다.

예수님을 만나는 순간, 막달라 마리아를 지긋지긋하게 괴롭혔던 일곱 귀신이 쫓겨나갔다. 그러자 반전이 시작되었다. 완전 정지 상태였던 그녀의 인생이 V자 형태로 급격하게 회복된 것이다. 누구도 치유할 수 없었던 그녀는 예수님을 만나는 순간 인생이 리셋되고 새로운 삶을 선물받았다. 완벽한 패자부활, 그야말로 9회 말 역전 만루 홈런이 터졌다.

완전한 회복

누가복음 8장 2절의 '병 고침을 받다'라는 단어는 헬라어로 '떼라페오'(θεραπεύω)라고 한다. 이 단어에서 '치료' 또는 '요법'이라는 뜻의 영어 단어 '테라피'(therapy)가 나왔다. 이 동사는 시제로 볼 때 '수동 완료형'이다. 스스로 고친 것이 아니라, 누군가에 의해 고침을 받았다는 수동의 의미다. 그리고 완료형 어미이기 때문에 치유가 끝났다는 의미를 갖고 있다. 즉, 막달라 마리아가 완벽하게 치유받았음을 가리킨다. 부분 치유나 어정쩡하게 재발할 여지를 남긴 것이 아니라 100퍼센트 고침을 받았다.

또한 "귀신이 나갔다"라고 할 때 '나갔다'는 뜻의 헬라어 동사는 '엑셀코마이'(ἐξέρχομαι)로 쓴다. 이것은 '능동 완료형'이다. 즉, 고침받은 막달라 마리아 안에 계속 머무르며 괴롭힐 수 없게 된 일곱 귀신이 자동적으로 나갔다는 의미다. '떼라페오'라는 단어의 의미처럼 100퍼센트 깨끗하게 씻겼다는 말이다. 귀신들이 부분적으로 나간 것이 아니라 한 마리도 남기지 않고 그림자조차 없이 쫓겨났다. 이처럼 예수님께서 온전히 청소해주셔서 막달라 마리아의 인생은 급격한 V자 형태로 회복되었다.

완벽한 인생역전, 전인격적인 회복의 기적이 막달라 마리아에게 선물로 주어졌다. 예수님을 만나면 누구라도 그녀처럼 기적적인 변화를 체험할 수 있다. 주님이 그녀의 삶 속에 똬리 틀고 있던 모든 독소를 완전히 청소하셔서 인생이 V자 형태로 회복된 것이다. 어둡던 과거의 삶에서 예수님을 만나, 인생이 완전히 리셋되었다. 더 이상 귀신에게 영향받지 않고 영적 자유를 누리는 삶을 획득했다. 무엇보다도 예수님을 한결같이 충성스럽게 섬기는 예수님의 제자요 후원자가 되었다.

막달라 마리아처럼 주님을 만나 회복과 치유를 경험한 여인들이 힘을 모은다. "헤롯의 청지기 구사의 아내 요안나와 수산나와 다른 여러 여자가 함께하여 자기들의 소유로 그들을 섬기더라"(눅 8:3). 그들은 '자기들의 소유로 주님을 섬기는' 적극적인 후원자가 되었다. 단순히 예수님의 '팬'이 아니라 '참된 제자'로 살기 시작한다. 그들이 예수님의 제자가 되었다는 증거는 주님이 고통당하셨던 '십자가 현장'에 이 여인들이 자리를 지키고 있었다는 것만 보아도 증명된다. 그들은 진정한 제자가 되어 끝까지 스승 되신 예수님의 곁을 지켰고 부활의 현장에도 참여하게 되었다.

막달라 마리아는 과거의 어두웠던 시간을 완전히 극복했을 뿐아니라 많은 복을 누렸다. 헤롯의 청지기 구사의 아내 요안나, 수산나 그리고 다른 여러 여인을 동역자로 얻었다. 함께 믿음의 팀워크를 이루었다. 예수님의 사역을 보좌하며 섬기는 일을 분담했고 끝내 부활 현장까지 함께하는, 말로 다 할 수 없는 복을 누렸다. 이 얼마나 고귀한 일인가!

빠뜨릴 수 없는 또 한 가지 사실은 막달라 마리아의 신분이 바뀐 일이다. 전해 내려오는 이야기 중에는 일곱 귀신이 들린 막달라 마리아가 자신을 통제할 수 없어서 결국 거리의 여자가 되었다는 내용도 있다. 그런데 인생의 밑바닥까지 떨어졌던 여인의 변화는 참으로 눈부신 것이었다. 마리아는 '보혈의 능력'으로, '십자가의 능력'으로 변화를 받아 순결한 처녀처럼 회복되었다. 예수님을 만나고 예수님의 사랑을 받으니 일곱 귀신 들렸던 여자가 정숙한 규수처럼 변화되었다. 이것이 사랑의 능력이다.

일본의 대표적인 기독교 사회활동가였으며 노벨평화상의 강력한 후보로 거론되었던 가가와 도요히코 목사(1888~1960)는 기생인 어머니에게서 사생아로 태어났다. 다섯 살 때 고아가 된 그는 중학생 때 세례를 받고 그리스도인이 되었다. 이후 폐병에 걸려 피를 토하면서도 노방전도를 쉬지 않았다. 예수님을 인격적으로 만나고 기적적으로 폐병을 완전히 치유받은 그는 26세 때 미국 프린스턴 대학교로 유학을 떠난다. 공부를 마치고 본국으로 돌아온 후에는 평생을 전도와 농민운동에 매진하여 사람들에게 '아시아의 성자'라고 불렸다. 이렇듯 예수님의 사랑을 제대로 체험하면 과거에 어떻게 살았던 간에 순결한 처녀처럼 달라진다. 주님의 십자가 보혈로 완전히 씻겨져 고침받는 것이다.

오염된 마음 밭을 기경하시는 그리스도

십자가 보혈의 은혜를 누리면, 막달라 마리아처럼 부끄러운 과거가 있는 사람일지라도 완전히 깨끗해진다. 그리스도의 말할 수 없는 고통을 거쳐 단번에 얻게 된 영원한 회복과 승리, 죽음에서 생명으로 우리를 인도하신 유일한 복음은 십자가를 통과해야만 가능했음을 되새겨야 한다. 헬라어 '떼라페오'의 '완전한 병 고침'을 완성하신 예수님의 십자가가 내 것이 되게 하자. 육신의 질병뿐만 아니라 영혼의 병까지 완전히 치유하시는 보혈의 능력을 온전히 의지하자.

"하물며 영원하신 성령으로 말미암아 흠 없는 자기를 하나님께 드린 그리스도의 피가 어찌 너희 양심을 죽은 행실에서 깨끗하게 하고 살아 계신 하나님을 섬기게 하지 못하겠느냐"(히 9:14). 더럽고 오염된 모든 것이 보혈의 피로 깨끗해진다. 교회를 개척했던 시기에 예배를 시작할 때마다 히브리서 10장 19절과 22절을 특별히 강조했던 이유가 있었다. 바로 보혈의 길이 생명의 길이기 때문이다. "그러므로 형제들아 우리가 예수의 피를 힘입어 성소에 들어갈 담력을 얻었나니 … 우리가 마음에 뿌림을 받아 악한 양심으로부터 벗어나고 몸은 맑은 물로 씻음을 받았으니 참마음과 온전한 믿음으로 하나님께 나아가자"(히 10:19, 22).

처음에 막달라 마리아는 예수님을 동산지기로 생각했다(요 20:15). 그냥 흘려버릴 만한 순간일 수도 있다. 그러나 조금 깊이 생각해보면 인류의 첫 번째 동산지기는 아담이었다. 인류의 두 번째 아담, 구원자요 사랑의 대명사인 예수님을 우리 마음의 동산지기로 모신다면 어떻게 될까? 하나님을 반역하려는 악한 생각을 뿌리째 뽑아버릴 수 있지 않을까? 하나님을 기쁘시게 하는 열매 맺는 나무와 향기 나는 꽃들로 가득한 '순결하고 아름다운 마음 밭'으로 기경할 수 있지 않을까?

막달라 마리아만의 이야기가 아니다. 희망 없는 인생에서, 주님을 만나 인생이 역전되는 은혜를 받은 마리아처럼, 우리도 21세기의 마리아가 되기를 바란다. 우리도 일곱 귀신까지는 아닐지라도 때때로 오염되고 사랑하지 말아야 할 것에 매달리며 살지는 않는가? 예수 믿고도 엉망진창일 때가 많지 않았던가?

순도 100퍼센트의 사랑

막달라 마리아는 안식일 밤에 잠을 이룰 수 없었다. 거대한 사랑의 실체를 보여주시고 한가득 안겨주셨던 예수님의 무덤에 달려가 무엇이라도 해드리고 싶어 새벽이 오기만을 손꼽아 기다렸다. 요한복음 20장 1절은 "안식 후 첫날 일찍이 아직 어두울 때에"라고 말한다. 마리아는 '시간'과 '공간'과 '계산'을 초월해 주님을 사랑하고 있음을 알려준다.

첫째, 시간 초월이다. "아직 어두울 때에." 해가 떠오를 때까지 기다릴 수 없었다. 다른 날에 갈 수도 있었는데, '안식일이 끝나자마자' 바로 달려갔다. 가장 먼저 달려가기 위한 '첫 시간'을 놓치지 않았다. 진실로 사랑하면 이처럼 여유 있게 기다리지 못한다. 옷 입고 가방 챙겨두고 신발 끈 묶고 만반의 채비를 갖춘다. 사랑하기 때문이다.

둘째, 공간 초월이다. 마리아의 사랑은 공간을 초월했다. 무덤이 어떤 곳인가? 사람들이 가장 꺼리는 곳이다. 동작동 국립묘지를 특별한 이유 없이 매일 가는 사람이 있는가? 근처에 30~40년을 살아도 별다른 연고가 없다면 갈 일이 없다. 마리아는 자신을 악한 귀신으로부터 자유롭게 해주신 예수님의 은혜에 어떻게든 보답하고 싶었다. 예수님의 사역을 돕기 위해 어디든지(wherever), 언제든지(whenever) 따르며 섬겼다. 그래서 예수님이 십자가에 매달렸을 때에도 예수님의 모친 마리아 곁을 지켰고, 십자가에서 시신을 내릴 때와 무덤으로 옮길 때도 모든 과정을 함께했다(마 27:61).

셋째, 막달라 마리아는 인간적 계산을 초월했다. 남자 제자들조차 집에 숨어 대문을 걸어 잠그고 벌벌 떨고 있었다. 하지만 마리아는 대문을 활짝 열고 무덤을 향해 달려갔다. 본인이 '여자'라는 것을 초월했다. 심지어 '장례를 위한 향료'까지 준비했다. 유대인의 율법은 안식일에 사람을 십자가에 달아놓지 못하게 했다. 그래서 안식일 전날 해가 지기 전에 서둘러 예수님의 시신을 처리해야 했다. 그 모습을 지켜보며 가슴을 치고 마음 아파했던 마리아는 '내가 향료라도 가지고 가서 주님의 시신을 수습해야겠다!'라는 마음을 가졌다. 사실 향료를 들고 무덤에 달려간다 해도 별 대책이 있는 것은 아니었다. 장정 20명이 밀어도 움직일까 말까 한 바위가 무덤을 막고 있었기 때문이다. 또한 로마 병정이 지키고 있으니 속절없이 쫓겨날 수밖에 없었을 것이다. 이런 상황도 다 알고 있었다. 그래도 가만히 있을 수 없었다. 사랑했기 때문에 달려가는 것이다.

사랑하는 마음은 날이 새는 것을 기다리지 못하고, 조건이나 여건, 일반적 상식과 계획을 뛰어넘는다. 예수님을 사랑한다고, 믿는다고 하면서도 환경에 질질 끌려가는 모습이 아니었다. 순도 높은 사랑은 무모해 보일 정도의 집중력을 보인다. 이런 사랑은 상황을 계산적으로 따지지 않게 한다. 한계를 뛰어넘는다. 사랑의 힘은 지성과 이성 그리고 환경마저도 초월하는 것이다.

예수님께서는 누구를 찾으시는가? 일 잘하는 사람보다 예수님을 깊이 사랑하는 자를 찾으신다. 예수님이 우리에게 진정으로 원하시는 것은 우리의 헌신이나 우리가 가진 능력이 아니라 예수님에 대한 사랑이다. 우리는 부활하신 예수님이 요한복음 21장에서 베드로에게 "네가 나를 사랑하느냐"라고 세 번 물어보셨던 장면을 주의 깊게 봐야 한다.

그 전까지 베드로는 하나님을 섬기고 하나님의 일을 하기 위해 필요한 것은 '자신의 힘과 능력'이라고 생각했다. 그러나 예수님께서 생각하신 사역의 기준, 소명의 기준은 전혀 달랐다. 예수님께서 베드로에게 그리고 우리에게 원하시는 사역의 기준은 단 한가지였다. 예수님에 대한 '사랑'이다. 우리가 얼마나 하나님의 일을 잘하느냐, 우리가 얼마나 헌신을 하느냐는 예수님께서 찾으시는 기준이 아니다. 인생에 한 번이라도 순도 100퍼센트의 사랑을 드린 적이 있는가? 예수님은 우리의 능력이나 헌신이 아니라 예수님을 얼마나 사랑하느냐를 사명과 사역의 기준으로 여기신다.

아버지의 '무모한 사랑'

물론 세상에서도 무모한 사랑을 볼 수 있다. 남녀 간의 사랑도 사람을 무모하게 만들고 맹목적이 되게 하며 폭풍우가 몰아치듯 열정을 불태우게 한다. 우리가 잘 아는 셰익스피어의 《로미오와 줄리엣》을 보라. 사랑에 빠지니 양쪽 집안의 원수 같은 감정은 안중에도 없다. 심지어 비극적 결말을 예감했지만 그들은 물러서지 않았다. 심슨 부인과 사랑에 빠진 에드워드 8세는 또 어떠했던가? 사랑에 눈이 멀어 국왕의 자리도 한 방에 던져버렸다. 세상에서도 사랑에 빠지면 지성, 이성, 환경을 초월하는 무모함이 생긴다. 하물며 주님과 사랑에 빠지면 세상의 수준을 훨씬 뛰어넘는 거룩한 무모함이 나타날 수밖에 없는 것이다.

숭고한 사랑을 체감하길 원한다면 방문해야 하는 곳이 있다. 서울 합정동에 있는 양화진 선교사 묘지가 그곳이다. 이 땅에서 복음을 전했던 많은 외국인 형제자매들이 그곳에 잠들어 있다. 대부분은 명망 있는 가문 출신이었고 당대에 지적으로 누구보다 뛰어났으며 직업적으로도 남부럽지 않은 사람들이었다. 세상에서 부러울 것이 없는 사람들이 왜 조선이라는 멀고 먼 땅에 와서 자신은 물론 가족들의 생명마저 내어놓았을까?

양화진에 묻힌 최초의 선교사 존 헤론은 테네시 의대를 개교 이래 가장 우수한 성적으로 졸업한 수재였다. 졸업하기도 전에 학교

측으로부터 교수가 될 것을 요청받은 유능한 인재였다. 하지만 교수직 제안을 과감히 거절하고 조선의 선교사로 헌신하기 위해서 배에 올랐다. 조선에 도착하여 주로 왕족과 고위층을 치료했던 광혜원의 이름을 '제중원'으로 바꾸고 가난한 자, 소외된 자들에게 집중적으로 의술을 베풀었다. 가만히 앉아 찾아오는 환자만 돌볼 수 없다 하여 병원에 올 수 없었던 시골 사람들을 찾아가 치료하다가 전염성 이질에 걸렸다. 결국 그는 어찌 보면 허무하게도 이 땅에 온 지 5년 만인 33세 때 세상을 떠나고 말았다. 세상의 명예와 부가 이미 예약되어 있던 젊은이가 무엇이 부족해서 조선 땅에 왔을까? 게다가 온갖 고생을 하다가 5년 만에 세상을 떠난 것을 무엇으로 설명할 수 있을까? 예수님을 뜨겁게 사랑하는 마음으로 살아간다는 것이 무엇인지 잘 모른다면 이역만리 조선의 백성을 향해 그가 베푼 지극한 사랑을 도무지 헤아리기 어렵다. 진짜 사랑은 이성과 환경을 모두 뛰어넘게 한다.

한국 선교의 아버지 언더우드, 근대 교육의 개척자 아펜젤러, 한국인의 친구 헐버트, 항일 언론 투사 베델, 백정을 해방시켰던 사무엘 무어 등이 양화진에 잠들어 있다. 무어는 1846년에 태어났고, 46세 때 아내와 함께 북장로교 선교사로 파송을 받아 조선에 왔다. 뿌리 깊었던 신분제도를 철폐하는 데 앞장섰고 교회에서 양반, 상놈의 구별을 없앤 선교사였다. 그의 묘비에는 이런 내용이 적혀 있다. "조선 사람을 사랑했고 또 그들을 예수께 인도하기를 원했다."

무어의 묘비에 쓰인 글귀는 양화진에 묻힌 모든 선교사의 마음을 대변한다. 양화진에 묻힌 선교사들은 하나같이 조선에 대한 숭고한 사랑을 갖고 있었다. 그 사랑을 표현하다 순교에 이르렀다. 사랑하고 또 사랑하다가 모든 것을 내어놓았다.

사랑하고 또 사랑했더니

막달라 마리아가 이렇게 무모하리만치 앞뒤 재지 않고 무덤에 도착했을 때 뜻밖의 상황이 그녀를 기다렸다. 무덤이 텅텅 비어 있었던 것이다. 마리아의 마음은 무너질 것만 같았다. 그녀의 모습을 성경은 이렇게 기록한다. "마리아는 무덤 밖에 서서 울고 있더니 울면서 구부려 무덤 안을 들여다보니"(11절).

마리아는 빈 무덤을 확인하고 울었다. '향료를 가지고 왔는데도 아무 소용없게 되었구나. 시신을 수습할 수도 없겠구나!' 하면서 슬피 울었다. 울면 누가 위로해주겠는가? 시신이 일어설 리가 있는가? 운다고 예수님이 살아 돌아오시는가? 그런데 왜 그토록 목 놓아 울었던 것일까? 주님을 향한 사랑, 주님에 대한 절실하고 진실한 사랑이 눈물로 표현된 것이다.

놀랍게도 마리아의 순도 높은 사랑은 엄청난 선물을 받게 된다. 굉장한 보답을 누리게 되었다. 바로 부활하신 예수님을 '첫 번째로'

만나는 어마어마한 영광을 누리게 된 것이다. 사랑하고 또 사랑했더니 예수님이 직접 만나주셨다. "이 말을 하고 뒤로 돌이켜 예수께서 서신 것을 봤으나 예수이신 줄은 알지 못하더라"(요 20:14).

처음에는 예수님인 줄 몰랐다. 웬 사람이 서 있는 것을 보고 그가 그저 동산지기인 줄 알았다. 너무 슬픈 나머지 예수님도 알아보질 못했다. 예수님은 아셨다. 그녀가 얼마나 예수님을 사모한 끝에 이른 새벽에 달려왔는지 전부 알고 계셨다. 여기에는 큰 비밀이 담겨 있다. 예수님의 부활체는 아무나 볼 수 있는 것이 아니다. 예수님이 눈을 열어주시는 사람만 볼 수 있었다. 즉, 영안이 열린 사람만 볼 수 있었다. 예수님을 사랑하고 사랑했던 마리아는 이제 영안마저 열렸다. 아멘!

예수님을 비난하고 반대하던 사람도, 위선자나 보통 사람들도, 선한 사람 가릴 것 없이 공생애 동안에는 누구나 예수님을 볼 수 있었다. 그런데 부활하신 예수님은 아무나 볼 수 없었다. 그분의 몸은 예수님께서 '볼 수 있도록 허락하신 사람'만 볼 수 있었다. 예수님께서 사랑하는 사람만 볼 수 있었다는 의미다. 한마디로 영안이 열린 사람만 볼 수 있었다. "마리아야…" 부르시는 음성을 들은 그 사람만 볼 수 있었다.

주님은 우리 한 사람 한 사람을 인격적으로 만나주신다. 떼로 대하고 대충 넘기신 적이 없다. 예수님은 콕 찍어서 "마리아야"라고 부르셨다. "나는 그들을 알며 그들은 나를 따르느니라"(요 10:27).

"나는 그들을 알며"라는 말씀을 마리아에게, 또 우리에게 적용할 수 있다. "나는 마리아를 알며, 마리아의 슬픔을 알고 마리아의 눈물을 알고 마리아의 순도 높은 사랑을 안다"라는 주님의 마음이 바로 "마리아야" 하고 부르신 목소리에 담겨 있었다. 그 순간 주님은 마리아 등 뒤에 계셨다. 마리아는 돌이키기 전까지 몰랐다. 예수님은 마리아에게 "나는 네 등 뒤에 항상 있다. 그러니 걱정하지 말고 미래를 향하여 당당히 걸어가거라!" 말씀하신 것이다. 예수님이 우리 등 뒤에 계신다. 우리가 어디를 가든지 언제든지 돌아보면 바로 거기서 미소 지으며 바라보고 계신다.

사랑하는 기쁨

한 걸음 더 나아가, 주님을 사랑하고 주님을 만나면 기쁨이 따라온다. 기쁨 중에도 말로 다 할 수 없는 충만한 기쁨이 있다. 물질이나 좋은 환경에서 오는 넉넉함과는 비교할 수 없는 영적인 기쁨으로 가득해진다. "이 말씀을 하시고 손과 옆구리를 보이시니 제자들이 주를 보고 기뻐하더라"(요 20:20).

죽은 자가 살아났다. 자신들이 따르던 그 주님이 멋지게 부활하셨다. 기쁘지 않겠는가? 그 기쁨의 크기를 상상할 수 있겠는가? 우리 주위에 암 말기로 사형선고를 받았던 사람이 갑자기 기적처럼 치유되었다면 놀라워하지 않을 사람이 있겠는가? 제자들이 누린 기쁨은 그와 비교할 수 없을 정도로 압도적이었다.

성 버나드의 〈구주를 생각만 해도〉라는 찬송을 참 좋아한다. "예수의 넓은 사랑을 어찌 다 말하랴. 사랑의 구주 예수여 내 기쁨 되시고…." 이 고백은 버나드가 그분의 사랑을 제대로 깨달았음을 보여준다.

주님을 향한 사랑과 주님께서 주시는 기쁨은 비례한다. 사랑이 없으면 기쁨도 없다. 사랑이 부족하면 기쁨도 부족하다. 유대 총독 본디오 빌라도는 예수님이 부활했다는 소식을 들었지만 전혀 기쁘지 않았다. 유대의 종교 지도자들도 예수님이 부활하셨다는 이야기를 듣고 오히려 화를 내며 더욱 증오했다. 그러나 일곱 귀신 들렸던 여자 막달라 마리아는 달랐다. 귀신이 나갔을 때 그녀는 자유를 누렸다. 기뻐 뛰놀았다. 또한 대부분 갈릴리 출신으로 지극히 평범했던 제자들은 예수님이 부활하셨다는 소식에 기쁨을 억누르지 못했다. 기뻐하고 또 기뻐했다.

신앙생활에 생명력이 고갈되고, 의욕도 없다면 주님을 향한 사랑의 수준이 어느 정도인가를 점검해야 한다. 주님을 사랑하는 수준이 올라가면 기쁨도 비례해서 올라간다. 더 큰 사랑, 더 큰 기쁨이 선순환하기 시작한다. 사랑하는가? 기쁠 것이다. 사랑하지 않는가? 기쁨이 없을 것이다. 사랑이 큰가? 기쁨이 클 것이고, 사랑이 작으면 기쁨이 작을 것이다. 사랑의 크기가 기쁨의 크기를 결정한다. 이런 기쁨이 있으니 십자가 사건 당시에 두려워 도망쳤던 겁쟁이 베드로와 요한이 담대하고 용감한 사람으로 변했다. 의심의 사람에서 확신의 사람으로 바뀌었다. 베드로는 이렇게 기록했다. "예수를 너희가 보지 못하였으나 사랑하는도다 이제도 보지 못하나 믿고 말할 수 없는 영광스러운 즐거움으로 기뻐하니"(벧전 1:8).

사랑과 기쁨은 동전의 양면처럼 같이 간다. 세 권의 복음서(마태, 마가, 누가)에 동일하게 기록된 말씀이 있다. 예수님께서 세례 요한에게 세례를 받으신 후에 하늘에서 소리가 울려 퍼졌다. "이는 내 사랑하는 아들이요 내 기뻐하는 자라"(참고. 마 3:17; 막 9:7). 하나님께서 사랑하는 아들은 하나님께서 기뻐하시는 아들이다. 마태복음 17장 5절에도 같은 말씀이 나온다. 변화산에서 제자들에게 하늘의 음성이 들렸다. "이는 내 사랑하는 아들이요 내 기뻐하는 자니 너희는 그의 말을 들으라 하는지라."

운전을 하다가 덩치 큰 버스가 갑자기 끼어들겠다고 신호를 보낸다면 썩 유쾌하지는 않을 것이다. 그런데 자기 교회 버스가 끼어든다면 마음이 어떨까? 기쁘고 반가워서 기꺼이 양보할 것이다. 교회를 사랑하니까 버스도 좋아 보이고 반가운 것이다. 모퉁이를 돌아 사라질 때까지 미소 띤 얼굴로 바라볼 것이다. 그것이 기쁨이다. 사랑하는 기쁨이다. 어디 이뿐인가? 식당에 갔는데 굉장히 반가운 친구나 평소 흠모하던 분이 누군가와 식사하고 있는 것을 보면 어떻게 할까? 먼저 나오면서 즐거운 마음으로 밥값을 계산한다. 돈을 내면서도 마음이 기쁘다. 왜? 사랑하는 마음이 있기 때문이다. 밥 한 끼 같이하고 싶었던 소망을 이룬 것 이상으로 기쁘다. 그 일만 떠올리면 종일 미소가 떠나지 않는다. 이렇듯 진정한 사랑은 사랑의 대상을 기뻐하고 사랑의 대상을 기쁘게 해주고자 애쓰는 마음이다. 사랑의 대상이 기뻐해야만 내가 기쁘고 사랑의 대상이 기뻐하는 그 마음 때문에 나도 기쁘다.

예수님을 사랑하면 참된 기쁨이 있음을 어떻게 알 수 있을까? 사랑은 진리와 함께 기뻐하기 때문이다. "불의를 기뻐하지 아니하며 진리와 함께 기뻐하고"(고전 13:6). 진정한 사랑이 진리와 함께 기뻐하는 것이라면 진리이신 예수님과 함께할 때 누리는 기쁨이야말로 참된 사랑이라고 할 수 있다. 그러므로 예수님을 사랑한다고 하면서도 내 마음이 예수님 때문에 기쁘지 않다면 과연 내가 예수님을 사랑하는지 진지하게 돌아볼 필요가 있다.

하나님을 '아빠'라고
부르기 시작한 날

예수님을 향한 사랑의 고백자 막달라 마리아를 예수님은 부활의 첫 증인으로 삼아주셨다. 그리고 그녀에게 중요한 메신저의 역할도 수행하게 하셨다. "예수께서 이르시되 나를 붙들지 말라 내가 아직 아버지께로 올라가지 아니하였노라 너는 내 형제들에게 가서 이르되 내가 내 아버지 곧 너희 아버지, 내 하나님 곧 너희 하나님께로 올라간다 하라 하시니"(요 20:17).

"내 아버지 곧 너의 아버지, 내 하나님 곧 너희 하나님." 매우 중요한 말씀이다. 이날 이후로 신약시대의 본격적인 막이 오른다. 하나님의 놀라운 언약의 역사가 펼쳐진다. 드디어 '하나님 아버지' 사상이 본격적으로 시작되는 것이다. 하나님을 '아버지'라고 부르게 된, 이 중요한 선포를 담당할 메신저로 마리아가 선택된 것은 그녀가 예수님, 즉 하나님 '아버지'의 독생자 예수님을 순도 100퍼센트로 사랑한 결과, 예수님의 깊은 마음을 공유하게 된 덕분이었다. 그렇게 하여 하나님을 아버지라 부르고 아버지의 심정을 깨닫게 되는 특권을 얻었다.

로마서 8장 15절에 보면 하나님을 아버지라 부른다는 의미는 "다시 무서워하는 종의 영을 받지 아니하고 양자의 영을 받았으므로 우리가 아빠 아버지라고 부르짖[는다]"고 분명히 말씀하신다. 본래 하나님을 "아빠 아버지"라고 부를 수 있는 존재는 예수님뿐이었다. 마가복음 14장 36절에 보면 "아빠 아버지여 이 잔을 내게서 옮기시옵소서"라고 기도하셨다. 그런데 이제는 그 아들의 영을 지닌 자들도 하나님을 아빠 아버지라고 부르게 하셨다. "너희가 아들이므로 하나님이 그 아들의 영을 우리 마음 가운데 보내사 아빠 아버지라 부르게 하셨느니라"(갈 4:6).

예수님을 크게, 진정으로 사랑하는 사람은 하나님을 아빠 아버지라고 부를 수 있는 특권을 받는다. 온전한 치유를 누리는 영적 자유의 힘은 자못 굉장하다. 다시 한번 '완전한 치유'를 뜻하는 헬라어 '떼라페오'를 음미하게 된다.

세상의 어떤 종교도 신을 '아빠'라고 부를 수 없다. 오직 기독교만 감히 창조주 하나님을 아빠라고 부른다. 이것이야말로 '임마누엘' 하나님의 친밀한 속성이고 예수님이 이 땅에 오신 이유였다. 이토록 깊은 영적 경지, 인격적 만남의 체험, 주님의 심정을 깨닫는 은혜는 구약의 성도들이 꿈도 꿀 수 없던 일이다. 그들은 하나님의 존함조차 함부로 부르지 못했다. 독일의 신학자 요아킴 예레미아스 등 여러 신학자가 이를 증명했으며, 각종 기록을 살펴보아도 마찬가지다. 히브리 문학에서도 유래를 찾을 수 없는 표현이 '아빠 아버지'라는 호칭이다. 예수 그리스도의 부활 승천 이후에 드디어 하나님을 아버지라 부르기 시작했음을 의미한다.

구약시대에는 '야훼 하나님' 혹은 여호와 하나님이라고 불렀다. 그나마도 아도나이('주님'이라는 뜻)라는 호칭으로 하나님을 불러야 했다. 성경을 필사하던 유대 종교 지도자들과 서기관들은 하나님이라는 단어만 나오면 필사를 멈추고 목욕을 해서 몸가짐을 정결케 한 후에 다시 펜을 들었다. 그 정도로 율법에 철두철미했지만 하나님을 감히 아버지라 부르지 못했다. 우리가 누리는 특권이 얼마나 영광스러운 것인지 새삼 깨닫게 된다. 아빠 아버지라고 부를 때 의존과 순종의 관계가 성립된다. 하나님의 무한하신 능력에 의존하는 것은 특권이며, 순종은 거룩한 책임이 된다.

막달라 마리아가 예수님을 만난 후 경험한 가장 큰 변화는 무엇일까? 귀신 들렸다가 정신이 온전해진 것뿐일까? 이것은 겉모습의 변화에 지나지 않는다. 막달라 마리아가 예수님을 만난 후 겪은 가장 큰 변화는 참된 자아를 회복한 것이다. 다시 말하면 "나는 예수님의 사랑을 받는 자"라는 정체성을 갖게 된 것이다. 거짓 자아는 자신의 성취나 타인의 시각을 통해 정체성을 얻지만 그리스도인은 "나는 하나님의 사랑을 받는 자"라는 사실에서 자기 정체성을 확인한다. 브레넌 매닝의 말처럼 "자신이 사랑받는 존재임을 알고 사는 삶이야말로 그리스도인 삶의 회전축"이며 "사랑받는 자가 곧 그리스도인의 정체요 실존의 핵심"이기 때문이다.

누군가가 우리에게 "당신은 누구인가"라고 물어올 때, 어떻게 대답하겠는가? "나는 그리스도께 사랑받는 자"라고 당당하게 말할 수 있을까? 이것이 우리의 참된 자아를 이루는 기초요, 정체성의 근본이어야 한다. 막달라 마리아에게서 '엑셀코마이', 즉 귀신이 완전히 떠나가고, 영원히 자유롭게 되어 하나님의 영을 받은 후 그녀는 비로소 하나님을 '아빠 아버지'로 부를 수 있었다. 나는 그리스도께 사랑을 받은 자라고 확신하게 되었다.

근본적인 변화는 이미 시작되었다

유발 하라리는 중세 전쟁사를 전공하여 옥스퍼드 대학교에서 박사학위를 받고 히브리 대학교의 역사학과 교수로 재직 중인 유대인 학자다. 국내에는 《사피엔스》의 저자로 잘 알려져 있다. 그가 코로나19 사태를 언급하며 "우리는 앞으로 이전과는 다른 세상에서 살게 될 것"이고 "앞으로 내릴 수주 동안의 결정이 이후 수년간의 방향을 잡을 것이다"라고 말했다.

그런 의미에서 근래에 굉장한 부담을 느낀다. 교회의 미래 사역 전략팀, 당회, 중직자, 교역자들이 함께 모여 집중적으로 준비하고 있다. 우리가 가진 순도 높은 사랑의 능력으로 은혜의 주류에 서고, 보혈의 능력에 눈이 열리기만 한다면 하나님께서 한국교회를 지켜주실 것이다. 4차 산업혁명 시대, 정신이 멍멍할 정도로 변화무쌍하다 할지라도, 사랑의 능력이, 주님을 향한 순도 높은 사랑이 앞으로 교회의 장래를 결정하게 될 것이다.

난세에 영웅이 난다고 했다. 누구도 예상하지 못했지만, 지난 세월 쌓여온 한국의 의료분야 경쟁력과 노하우가 이처럼 전 세계적으로 각광받으리라고 누가 상상이나 했겠는가? 우선 나부터 내 주변과 이웃들에게 내 능력이 아닌 예수님의 능력으로 영광을 드러낼 수 있게 해달라고 겸손히 기도하자. 나를, 우리를 그리고 이 나라를 지금 부르고 계신다. 하나님은 지금 우리에게 사명을 부여하시며 우리를 사용하고자 하신다.

　역사 속에서 놀라운 영적 성취를 이룬 인물들을 보면 하나같이 내가 얼마나 잘할 수 있느냐를 따진 적이 없었다. 하나님은 항상 주님을 향한 우리의 사랑을 받아주시고 신적 개입을 통해 일하셨다. 지금도 우리가 하나님만 사모한다면 하나님이 일하시기 시작할 것이다. 우리 힘으로는 할 수 없지만 성령의 능력을 힘입어 주님을 순도 100퍼센트로 사랑하게 해달라고 기도하자.

　내가 얼마나 능력 있고 얼마나 헌신적이며 봉사를 많이 해왔느냐보다 더 중요한 것이 있음을 잊지 말자. 내가 얼마나 예수님을 사랑하는가만 생각하자. 우리에게 하나님을 '아빠 아버지'라 부를 수 있는 힘만 있다면 우리는 다시 일어날 수 있다. 막달라 마리아처럼 일곱 귀신 들려 처참할 정도로 피폐한 과거를 가진 사람이라도 아빠 아버지라 부르는 순간 복음의 능력으로 다시 시작할 수 있다. 인생의 패자부활전이 가능해진다.

억눌리고 낙심한 인생이
은혜 위에 은혜를 덧입어
100퍼센트 치유된 패자부활전을 경험하고
순도 높은 사랑을 갖게 하사
은혜의 주류에 우뚝 서게 하옵소서.

함께 재건: 말씀, 고난에 담하다

제10장

사명

주님이 보내셔서
우리가 여기 있다

19 이날 곧 안식 후 첫날 저녁때에 제자들이 유대인들을 두려워하여 모인 곳의 문들을 닫았더니 예수께서 오사 가운데 서서 이르시되 너희에게 평강이 있을지어다 20 이 말씀을 하시고 손과 옆구리를 보이시니 제자들이 주를 보고 기뻐하더라 21 예수께서 또 이르시되 너희에게 평강이 있을지어다 아버지께서 나를 보내신 것같이 나도 너희를 보내노라 22 이 말씀을 하시고 그들을 향하사 숨을 내쉬며 이르시되 성령을 받으라 23 너희가 누구의 죄든지 사하면 사하여질 것이요 누구의 죄든지 그대로 두면 그대로 있으리라 하시니라 24 열두 제자 중의 하나로서 디두모라 불리는 도마는 예수께서 오셨을 때에 함께 있지 아니한지라 25 다른 제자들이 그에게 이르되 우리가 주를 보았노라 하니 도마가 이르되 내가 그의 손의 못 자국을 보며 내 손가락을 그 못 자국에 넣으며 내 손을 그 옆구리에 넣어 보지 않고는 믿지 아니하겠노라 하니라 26 여드레를 지나서 제자들이 다시 집 안에 있을 때에 도마도 함께 있고 문들이 닫혔는데 예수께서 오사 가운데 서서 이르시되 너희에게 평강이 있을지어다 하시고 27 도마에게 이르시되 네 손가락을 이리 내밀어 내 손을 보고 네 손을 내밀어 내 옆구리에 넣어보라 그리하여 믿음 없는 자가 되지 말고 믿는 자가 되라 28 도마가 대답하여 이르되 나의 주님이시요 나의

하나님이시니이다 29 예수께서 이르시되 너는 나를 본 고로 믿느냐 보지 못하고 믿는 자들은 복되도다 하시니라 30 예수께서 제자들 앞에서 이 책에 기록되지 아니한 다른 표적도 많이 행하셨으나 31 오직 이것을 기록함은 너희로 예수께서 하나님의 아들 그리스도이심을 믿게 하려 함이요 또 너희로 믿고 그 이름을 힘입어 생명을 얻게 하려 함이니라(요 20:19-31).

메시지의
핵심을 담은
3분 영상

코로나19 사태를 극복하는 과정에서 어느 때보다 우리나라의 국격이 높아졌다. 선진국 언론들은 대한민국을 배우자고 입을 모으고 각국의 지원 요청 때문에 정신이 없다는 소식도 들린다. 참 뿌듯하고 감사한 일이다.

한편으로는 엉뚱한 불똥이 교회로 튀기도 했다. 많은 사람이 한국교회가 사회적 거리 두기에 협조하지 않는다면서 비난했다. 하지만 대부분의 교회는 가장 적극적이고 자발적으로 사회적 거리 두기에 동참했으며 물질과 기도로 도왔다. 사랑의교회를 비롯한 여러 교회가 성도들과 지역사회를 위해 마련한 시설을 환자들의 병상으로 써달라고 내놓기도 했다. 그러니 세상이 알아주지 않더라도 흔들리지 말자. 이번 상황을 통과하면서 평생 기도제목이 더욱 간절해졌다. "지금도 감사하지만, 우리 교회는 5년 후, 10년 후에 더 좋은 교회가 되기를 바랍니다."

두려움 없는 사람이 있는가?

부활하신 예수님께서 막달라 마리아에게 보이신 다음 드디어 사랑하는 제자들 앞에 나타나셨다. "너희에게 평강이 있을지어다"(19절). 부활하신 후 첫 일성(一聲)이었다. 이후 21, 26절에도 같은 말씀이 등장한다. "너희에게 평강이 있을지어다." 세 번이나 같은 말씀을 선포하셨다. 이는 부활하신 예수님께서 온 성도에게 주시는 평강이다.

부활하신 예수님이 이렇게 '평강'을 선포하신 이유는 제자들에게 '두려움'이 있었기 때문이다. 19절은 "제자들이 유대인들을 두려워"했다고 말한다. 누가복음 24장 38절도 "예수께서 이르시되 어찌하여 두려워하며…"라고 기록한다.

구체적으로 살펴보면, 이것은 정치적인 불안 때문이었다. 예수님이 십자가에서 죽으신 뒤 예수 믿는 자들을 잡아 핍박할 것이라는 흉흉한 소문이 돌았다. 정치적 상황이 언제 악화될지 몰라 불안하고 조마조마했을 것이다. 당시는 군중의 정치적인 소요 때문에 인민재판 같은 무법이 판치는 시대였다. 죄가 없으셨던 예수님 대신 강도 바라바가 석방될 정도로 군중심리 조작도 심심치 않게 일어났다. 제자들이 불안해할 만했다. 그래서 주님이 불안에 떠는 제자들을 안심시키실 필요가 있었다.

미래에 대한 불안도 있었다. 인생을 걸고 따라왔던 리더가 하루

아침에 잡혀 죽임을 당했다. 이제 어떻게 살아가야 할지 너무 불안했다. 누구를 따르고 무엇을 믿고 살아야 할지 눈앞이 캄캄했다. 예수님을 십자가에 못 박은 무리가 자신들도 그렇게 할지 모른다고 두려워한 것도 다 일리가 있었다. 예수님은 그들의 불안감을 누구보다 깊이 이해하고 계셨다.

또한 예수님을 배신한 것에 대한 수치와 부끄러움이 컸던 제자들은 마음이 편할 리 없었다. 밥맛이 없었다. 잠도 제대로 이루지 못했다. 예수님의 이름에 먹칠했던 자신들의 행동 때문에 죄책감에 사로잡혀 있었다.

이렇게 사면초가와도 같은 상황에 주님께서 나타나신 것이다. 그리고 첫마디로 평강과 샬롬을 선포하셨다. 스코틀랜드의 신학자 조지 모리슨은 예수님이 말씀하신 평강이 "넉넉한 자원"을 의미한다고 말했다. 일리 있는 분석이다. 이렇게 평강을 선포하시고 8일이 지난 후 예수님께서 다시 제자들에게 오셨다. "여드레를 지나서 제자들이 다시 집 안에 있을 때에 도마도 함께 있고 문들이 닫혔는데 예수께서 오사 가운데 서서 이르시되 너희에게 평강이 있을지어다 하시고"(요 20:26).

제자들은 두려움 때문에 여전히 문을 걸어 잠그고 있었다. 그때 주님이 오셔서 다시 한번 평강을 선포하신다. 제자들에게 평강의 유효기간이 고작 7일 정도밖에 안 되었을까?

코로나19 사태로 한국교회 성도들에게 더욱 필요한 것이 '평강'

이다. 우리가 살고 있는 세상에서는 참된 평강을 찾기 어렵다. 주위를 둘러보라. 내적인 평안으로 안정된 사람을 만나기가 쉽지 않다. 그러나 '부활하신 주님'을 모시고 사는 사람들에게선 공통적으로 평강을 찾을 수 있다. "평강의 주께서 친히 때마다 일마다 너희에게 평강을 주시고"(살후 3:16). '평강' 곧 '샬롬'은 전적으로 하나님이 주시는 복이요 고귀한 선물이다. 우리에게 샬롬이 임하면 하나님과의 관계가 회복되고, 모든 문제가 해결된다. 샬롬이 닿지 않는 인간의 영역은 없다. 주님의 보혈로 우리에게 허락된 이 권리를 회복하자.

가장 평강이 필요한 자가 평강을 누리지 못한다

그런데 가장 평강이 필요한 사람은 평강을 누리지 못했다. 부활하신 예수님이 제자들에게 처음 나타나셨을 때 도마는 현장에 없었다. 그는 예수님이 죽음에서 다시 살아나셨다는 사실을 믿지 못해 고통의 일주일을 보내야 했다. 우리도 마찬가지다. 주일 예배처럼 은혜 받는 현장에서 빠진다면 평강을 누릴 수 없다.

도마는 그냥 '의심'하는 정도가 아니라 믿지 않기로 작정한 듯 보인다. "내가 그의 손의 못 자국을 보며 내 손가락을 그 못 자국에 넣으며 내 손을 그 옆구리에 넣어보지 않고는 믿지 아니하겠노라"(25절). 증거를 보지 않으면 믿지 않겠다고 고집을 부렸다. 도마의 일면이 드러난 사건이기도 하다. 그는 컵에 물이 절반 담겨 있다면 '물이 반밖에 없네!'라고 말하는 냉소적 비판주의자였다. 신실한 제자들과 형제자매들이 예수님을 직접 만났으며 예수님의 손과 옆구리를 직접 봤다고 말했음에도 '믿지 않았다'. 자신이 직접 확인하기 전까지는 절대로 믿을 수 없다고 말했다. 어떻게 보면 이런 도마가 감사하다. 의심하는 모든 자들의 전형이니 우리에게 도움이 될 수도 있겠다는 생각이 든다.

이렇게 도마가 의심할 때 주님이 어떻게 하셨는지를 보자. 예수님과 첫 대면 후 8일이 지났다. 제자들이 다시 모였고 도마도 그 자리에 있었다. 문이 굳게 잠긴 그곳에 예수님이 갑자기 나타나셨다. 그리고는 의심하는 도마에게 말씀하셨다. "네 손을 내밀어 내 손을 보고, 내 옆구리에 넣어보라"(27절).

제자들이 있던 장소의 문이 굳게 닫혀 있었는데 예수님이 들어오셨다. 부활하신 주님의 영광스러운 몸이기에 가능한 일이었다. 이 부활의 몸, 영광스러운 몸은 그냥 '영'이 아니었다. 십자가의 흔적이 선명하게 남아 있었다. "내 손과 발을 보고 나인 줄 알라 또 나를 만져보라 영은 살과 뼈가 없으되 너희 보는 바와 같이 나는 있느니라"(눅 24:39). 이 살과 뼈는 새로운 차원으로 회복된 영광스러운 부활의 몸이다. 환영도 환상도 아니고, 진짜 몸이다. 예수님이 은 목자의 심정으로 직접 나타나셔서 확실하게 도마를 일깨워주셨

함께 재건: 말씀, 고난에 답하다

다. '부활'이 영적인 의미라고 하는 학자들의 주장은 말도 안 되는 추측이다. 이윽고 마음속에 참된 평강이 임하면서 도마는 고백한다. "나의 주님이시요 나의 하나님이시니이다"(28절).

도마가 받은 은혜는 얼마나 큰 것이었던가? 예수님은 도마가 믿지 않는다고 한 번 꾸중하셨을 뿐 내치지 않으셨다. 심지어 도마가 요청한 것을 다 들어주셨다. 손을 내밀어 옆구리를 만져보라고 하셨다. 도마가 예수님의 옆구리에 손을 넣어보는 유명한 화가의 그림도 있다. 예수님을 만져보는 그 순간, 도마에게는 더 이상 필요한 것이 없었다. 주님을 믿지 않았던 어리석음에 대한 회개의 마음이 차올랐다.

우리는 주님이 보내셔서 여기 있다

"예수께서 또 이르시되 너희에게 평강이 있을지어다 아버지께서 나를 보내신 것같이 나도 너희를 보내노라"(21절). 굉장히 중요한 말씀이다. "아버지께서 나를 보내신 것같이"라는 구절은 말로 표현할 방법이 없는 대단한 말씀이다. 하나님이 예수님을 보내신 것에는 엄중한 무게감이 담겨 있다. 타협할 수 없는 하나님의 결단인 것이다.

창세기 3장에서 인간이 범죄하고 타락한 이후 하나님은 해결 방안을 보여주셨다. 인류의 죄악을 대신 짊어질 자격과 능력이 있는 분이 모든 대가를 지불하고 대속하는 것뿐이었다. 결국 목자의 심정으로 예수님을 이 땅에 보내주셨다. 이를 통해 부패와 멸망 외에 다른 운명을 기대할 수 없었던 우리에게 놀라운 경륜을 보여주셨다. 예수님이 이 땅에 오셨을 때의 무게감으로 우리를 세상에 보낸다는 말씀이다. 실로 어마어마한 선포가 아닐 수 없다.

이 말씀은 단지 현장에 있던 제자들에게만 하신 말씀이 아니다. 사실 본문은 요한복음 17장 18절을 다시 강조하신 것이다. "아버지께서 나를 세상에 보내신 것같이 나도 그들을 세상에 보내었고." 예수님은 하나님 아버지가 자신을 보내셨음을 늘 강조하셨다. 어디를 가시든지 '나는 하나님이 보내신 자'라고 말씀하셨다. 자신을 반대하고 거역하는 사람들을 앞에 놓고 "하나님이 나를 보내셨다"라고 당당히 선포하셨다. 너는 무슨 권세로 이렇게 가르치느냐고 도전해왔을 때에도, "하나님이 나를 보내셨다"라고 응하셨다. 쉽게 풀어보면 "하나님이 나를 파송하셨다. 하나님이 나를 사명자로 만드셨다. 이와 같이 너희도 내가 파송하노라"라는 뜻이다. 오늘 이 말씀이 우리 안에 살아 역동하기를 바란다.

예수님이 '사명'에 관하여 하신 말씀 중 가장 구체적이고 권능 있게 말씀하신 내용이 누가복음 4장 18-19절에 등장한다.

주의 성령이 내게 임하셨으니 이는 가난한 자에게 복음을 전하게 하시려고 내게 기름을 부으시고 나를 보내사 포로 된 자에게 자유를, 눈먼 자에게 다시 보게 함을 전파하며 눌린 자를 자유롭게 하고 주의 은혜의 해를 전파하게 하려 하심이라 하였더라.

이와 같은 방식으로 지금 우리에게도 말씀하신다. "성도들아, 이 세상을 밝히라. 이 세상을 치유하라. 하나님 나라를 확장하라!" 이 얼마나 놀라운 사명인가? 예수님처럼 우리도 동일하게 세상을 향하여 보냄받은 소명자가 되었다. 예수님처럼 세상에서 사명으로만 살라고 가르치신 것이다. 소명 의식에 붙잡혀 살았던 바울은 이렇게 권면했다. "그러므로 우리가 그리스도를 대신하여 사신이 되어 하나님이 우리를 통하여 너희를 권면하시는 것같이 그리스도를 대신하여 간청하노니 너희는 하나님과 화목하라"(고후 5:20). 우리가 예수님을 대신하여 사명자가 되었다는 말씀인데, 《현대인의성경》은 이를 "우리는 그리스도의 전권 대사입니다"라고 옮겼다.

그렇다. 예수님께서 가셨다면 우리도 가야 하고 성령의 권능을 받으셨다면 우리도 받아야 한다. 우리도 예수님처럼 전권 대사로서 하나님께 권위와 능력을 부여받았음을 잊지 말자. 예수님께서 상처 받은 자에게 다가가셔서 치유의 능력을 나타내셨다면 우리도 그렇게 해야 한다.

사명자에게 주어진 은혜

모든 그리스도인은 사명자다. 사명의 종류와 공간, 분야가 다를 뿐 사명을 부여받은 것은 동일하다. 세상 사람들은 절대 이해할 수 없고 그리스도인조차 사명자가 아니라면 얼른 납득이 가지 않는 특별한 은혜가 사명자에게 주어진다. 바로 '성령의 능력'과 '죄 사함의 선포'라는 특권이다.

첫째, 사명자에게는 주님께서 '성령의 능력'을 주신다. 성령의 충만도 주신다. 예수님은 "성령을 받으라"(요 20:22)고 명하셨다. 주님은 '인격적 성령'으로 내주하셔서 우리의 심경과 영성과 태도와 성품까지 만지시는 전인격적 변화를 충실하게 이루신다. 또한 '사역적 성령'으로 임하셔서 우리가 '제대로 일하게' 도와주신다. 좋은 관계와 넉넉한 인품으로 일의 결과물 자체가 딱딱 각이 맞도록 속도와 품질을 높여주신다. 성령은 내적인 내주와 평강으로 임재하시고 외적인 기름 부으심으로 사람을 변화시키신다. 이렇게 예수님은 성도의 내면에 성령을 부어주신다.

우리가 예수님을 믿을 때, 창조 당시 진흙으로 만든 사람에게 생기를 불어넣으신 것처럼 성령이 우리에게 임하신다. 거듭남을 통해 얻게 되는 중생의 순간, 예수님을 믿는 그 순간 성령께서 믿는 자의 심령 안에 들어오신다. 이제부터는 성령의 권능이 제자들을 지키고 보호하신다. 성령께서 인치신다. "그 안에서 너희도 진리의 말씀 곧 너희의 구원의 복음을 듣고 그 안에서 또한 믿어 약속의 성령으로 인치심을 받았으니"(엡 1:13).

둘째, 사명자는 죄 사함을 선포할 수 있다. "너희가 누구의 죄든지 사하면 사하여질 것이요 누구의 죄든지 그대로 두면 그대로 있으리라 하시니라"(요 20:23). 이 말씀은 제자들에게 '죄를 사하는 권세'를 주셨다는 말씀이 아니다. '죄 사함의 복음, 예수 그리스도의 십자가 복음'을 선포하는 특권을 주셨다는 뜻이다. 즉, 그들이 전하는 복음을 듣고 받아들이는 자는 죄 사함을 받을 것이고, 믿지 않는 자는 죄 사함을 받지 못한다. 복음을 전하는 특권을 바로 사명자에게 주신 것이다.

또한 누가복음 24장 47절은 "또 그의 이름으로 죄 사함을 받게 하는 회개가 예루살렘에서 시작하여 모든 족속에게 전파될 것이 기록되었으니"라고 말씀한다. 사명을 감당할 자에게 죄 사함의 은혜, 죄 용서의 은혜를 주신다. 예수님이 십자가를 지심으로 모든 사람의 죄를 짊어지셨다는 말은 곧 죄의 용서가 믿는 자에게 선포되었다는 뜻이다.

정신과 의사들의 경험에 따르면 정신과 환자들의 절반은 '용서받지 못한 죄에 대한 죄책감' 때문에 정신병원에 입원한다고 한다. 완벽한 사람은 없다. 몹시 후회되는 과거가 있는가? 잘못 내린 결정과 선택 때문에 고통스러운 결과를 많이 경험했는가? 비참하고 부끄러운 과거 때문에 숨기고 싶은 것이 얼마나 많은가? 그것 때문에 시달리고 악몽을 꾸고 괴로움을 당하지 않던가?

하나님은 '사명'을 주시면서 먼저 우리가 죄 사함의 은혜를 누리게 하셨다. 그런 다음 다른 사람에게 죄 용서에 관한 복음을 나누는 능력을 주신다. 참된 그리스도인은 매일 아침 샤워를 하면서 몸뿐만 아니라 영혼까지 씻어야 한다. 어제 저지른 잘못, 상대방의 마음에 상처 주는 말, 사랑 없는 행동, 이기적인 태도, 악의적인 거짓말… 이런 것이 쌓이면 악취를 풍기고 죄책감으로 굳어져버린다. 이러한 우리의 누추함을 과연 어떻게 처리할 것인가? 없애는 게 가능하기는 할까?

기쁜 소식이 있다. 매일 아침뿐 아니라 하루에도 수십 번씩이라도 죄를 용서받을 수 있다. "너희가 누구의 죄든지 사하면 사하여질 것이요 누구의 죄든지 그대로 두면 그대로 있으리라 하시니라"(요 20:23). 우리는 누군가의 전도를 통해 죄 용서의 은혜를 알게 되었다. 당신이 전한 복음을 통하여 다른 사람도 동일한 죄 사함의 은혜에 참여할 수 있게 된다.

이처럼 부활하신 주님은 우리에게 '평강'을 주셨고 그와 함께 '사명'도 주셨다. 이 사명을 이루기 위해 '성령의 능력과 죄 사함의 은혜'를 주신다. 마태복음 28장에서는 우리가 어디를 가든지 함께 하신다고 약속하셨다. 우리는 과연 주님의 부름에 반응할 준비가 되어 있는가?

사명이 목숨보다 중요하다

사명은 우리의 능력과 자격으로 결정되는 것이 아니다. 사명은 예수님의 선택과 부르심으로 결정된다. 예수님은 지금 갈릴리 시골 출신 제자들에게, 게다가 자신을 배반하기까지 했던 제자들, 더 나아가 겁을 집어먹고 벌벌 떠는 제자들에게 사명을 맡기셨다. 그들은 사명을 받을 준비가 전혀 안 된 사람들이었다. 그런데 예수님은 심지어 부활을 의심하는 도마에게도 이 사명을 주셨다. 만약 당신이 리더라면 도마 같은 사람을 쓰겠는가? 아마 면접 기회조차 주지 않을 것이다. 그러나 주님은 부족한 사람을 믿어주시고 그에게 사명을 주셔서 그릇을 키우시는 분이다. 쉽게 말해 우리 가운데 예수님이 쓰시지 못할 사람은 아무도 없다. 우리만 마음을 열고 겸손하게 순종하면 된다.

사명이 목숨보다 중요하다. 이걸 깨달은 사람에게는 북극성처럼 변함없는 목표가 생긴다. 살아서는 충성, 죽어서는 영광이다. 이 길은 비가 오나 눈이 오나 시종일관 가야 한다. 어떤 망설임도 없어야 한다. 그래야 갈 수 있는 길이다. 혼수상태에서 깨어나도 집중할 수 있어야 한다. 바울이 그랬다. 루스드라에서 돌에 맞아 죽은 줄 알고 거적때기에 말려 밖에 버려졌는데, 다시 일어나서 묵묵히 사명의 길을 떠난다. 긴 말도 하지 않았다. 그저 툴툴 털어버리고 다시 가던 길을 갔다.

사명자는 자신의 뜻이 아니라 자신에게 사명을 주신 자의 뜻대로 일하는 사람이다. "우리가 살아도 주를 위하여 살고 죽어도 주를 위하여 죽나니 그러므로 사나 죽으나 우리가 주의 것이로다"(롬 14:8). 이 고백이야말로 사명자가 갖추어야 할 '사명감'의 백미다. 구원받고 하나님의 백성이 된 사람들에게 나타나는 공통적인 현상이 있다. 영안이 열려 이제는 자신을 위해 살지 않게 된다. 나를 위하여 십자가에서 목숨을 버리신 주님을 위해 살기 시작한다. 가치관이 바뀌고 사명의 사람으로 살아간다.

사명의 르네상스

사랑의교회에 부임한 이후로 지금까지 줄곧 나누었던 이야기가 있다. "어른 세대와 젊은 세대의 다리가 되겠다!"는 각오였다. 교회의 3·5·7 비전, 3년 내로 교회가 글로벌화되고 5년 내로 한국교회와 미국 교회가 힘을 합쳐 중국 교회를 돕고, 7년 내로 평양에서 특별새벽기도회가 열리기를 꿈꾸며 달려가고 있다. 또한 "우리가 지난 100년 동안 서구 교회에 진 복음의 빚을 향후 100년 동안 갚아야 한다"고도 말씀드렸다. 우리나라는 땅덩어리가 중국, 일본, 러시아보다 작고 약하지만 교회만큼은 더 강력하다고 말했다. 얼마 전에 미국과 영국을 돕자고 한 것 또한 같은 맥락이다. '복음의 서진'

을 멈추지 않기 위해서다.

다시 한번 우리의 가슴 속에 '사명의 르네상스'가 일어나기 바란다. 영적인 재발견이 일어나기 바란다. 모든 성도들이 자신의 삶의 터전에서 영적인 르네상스를 열어가기 바란다.

교회가 가져야 할 사명 중에 특히 '애국적 사명감'이 그 어느 때보다 필요한 시대가 왔다. 국가적 자존감을 함께 지켜내야 한다. 우리는 일제강점기를 헤쳐 나왔고 6.25 동란의 잿더미 속에서도 한강의 기적을 이룬 민족이다. 제2차 세계대전 이후 독립한 신생국 중에 '수혜국에서 원조국'으로 바뀐 유일한 나라다. 그리고 땅은 작지만 영적 강국이기도 하다. 따라서 영적 자존감을 회복해야 한다.

국가적 자존감이 왜 그렇게 중요한가? 경제적, 정치적으로 힘든 일이 생겨도 국민의 자존감과 자존심이 살아 있으면 반드시 다시 일어난다. 덴마크와 독일을 보라. 국민의 자존감이 높기에 세계적인 강국이 되었다. 그러나 아무리 잘살아도 국가적 자존감을 잃어버리면 망하는 것은 시간문제다. 가정도 마찬가지다. 직장을 잃었다고 해서 고개를 떨구고 자존감, 자존심마저 몽땅 잃어버리면 회복이 힘들다. 희망이 없다.

예수 믿는 사람에게 '거룩한 자존감'은 참 중요하다. "내가 비옵는 것은 이 사람들만 위함이 아니요 또 그들의 말로 말미암아 나를 믿는 사람들도 위함이니"(요 17:20). 예수님은 궁극적으로 인류 전체를 염두에 두시고 제자들을 위해 기도하셨다. 제자들뿐만이 아니라 자신을 믿는 모두를 위해 기도한다고 말씀하셨다. 즉, 예수님은 하나님 나라 백성 전부를 두고 기도하시며 복을 빌어주셨다. 우리는 세상에 살지만 세상에 속하지 않은 거룩한 하나님의 백성이다. 우리의 자존감을 놓쳐서는 안 된다.

포스트 코로나 시대에 붙들어야 할 근본적 토대

정보화로 대표되는 3차 산업혁명이 폭풍처럼 밀려온 지 반세기도 채 지나지 않았는데 이제는 4차 산업혁명 시대로 패러다임이 전환되고 있다는 진단이 쏟아진다. 우리 식으로 말하면, 예수님의 제자들은 주께서 십자가에 못 박혀 죽으신 '금요일'에 모든 것이 끝났다고 생각했는데 부활의 패러다임이 온 것과 같다. 도망쳤던 자와 배신자가 사명자가 되었다. 숨어서 두려워하던 자들이 문을 활짝 열고 사명을 향해 달려가는 자들이 되었다. 겁쟁이들이 자기 목숨까지 내어놓는 사역자가 되었다.

세상 사람들과 같이 어울리려고 2차, 3차를 간다면 겉으로는 "너 우리랑 통하는 데가 있다"라고 하겠지만, 속으로는 멸시한다. 그리스도인은 하나님의 백성답게, 소명자답게, 세상에 속하지 않은 자존심을 지켜가야 한다. 그렇게 살면 사람들이 욕하더라도 실제로는 함부로 못한다. 사람은 영적인 존재이기 때문이다.

이 시대를 살아가는 우리와 교회의 사명에는 무엇이 있을까? 우선은 영적 기백과 전투력을 회복해야 한다. 포스트 코로나 시대에는 종교다원주의가 더욱 기승을 부릴 것이다. 예수님의 유일성에 대한 공격이 더욱 거세질 것이다. 이제 타협 좀 하자고 쉴 새 없이 도전해올 것이다. 〈로잔 언약〉 전체 15항 가운데 제3항에 예수 그리스도의 유일성은 절대 타협할 수 없다는 조항이 있다.

> 구세주는 오직 한 분이시요, 복음도 오직 하나임을 확인한다. 예수 그리스도는 유일한 신성을 가지시고, 또한 유일한 인성을 가지신 분으로, 죄인을 위한 유일한 대속물로 자신을 주셨고, 예수님과 하나님과 사람 사이의 유일한 중보자이시다. 예수님 이외에 우리가 구원받을 다른 이름이 없다.

예수 그리스도 외에 우리가 구원받을 다른 이름을 주신 적이 없다. 그리고 부활하신 예수님이 우리에게 사명을 주셨기 때문에 우리가 이 길을 가는 것이다. 이런 사명과 자각으로 한국교회의 장래를 위해 반드시 지켜야 할 몇 가지가 있다.

첫째, 성경의 절대적 권위를 끝까지 지켜야 한다. 우리는 성경이 하나님의 말씀임을 믿는다. 이것을 부인하는 어떤 논의에 대해서도 타협을 거부한다. 둘째, 예수님이 유일한 구원자이심을 끝까지 지지한다. 셋째, 성령의 능력과 주권을 믿는다. 성령을 통하여 예수 그리스도를 인격적 구세주로 받아들이고 회심하게 되며 성령을 통하여 평강을 누린다. 성령을 통하여 우리에게 사명이 주어진다는 것을 포기할 수 없다. 넷째, 세계선교의 긴급성에 동의한다. 세계선교의 절박성을 지키는 것이 복음주의 교회의 쇠퇴를 막는 우리 사명의 표현이 될 것이다. 다섯째, 거룩한 공교회의 중요성, 즉 지역교회와 우주적 교회의 중요성이다. 어떤 핍박과 화살과 공격을 받는다 해도 하나님이 주인이신 교회를 끝까지 지키는 것이 우리의 사명이다.

이 시대의 황금신상

4차 산업혁명 시대에는 곳곳에서 우리를 유혹하고 위협하는 교묘한 모습의 '황금신상'이 세워질 것이다. 그리스도인으로서 거룩한 자존감을 가지고 보냄받은 소명자로서 4차 산업혁명 시대를 어떻게 살아가야 하는지 도전에 직면할 것이다. 코로나19 사태는 4차 산업혁명 시대의 정확한 단면을 보여주었다. 모든 것이 코로나 이전과 이후로 나뉠 만큼 송두리째 바뀐 것처럼, 머지않아 4차 산업혁명 시대가 본격화하면 과거의 기준이나 상식으로는 예측할 수 없는 완전히 새로운 경험을 하게 될 것이다. 그리스도인은 이처럼 예측이 어렵고 모든 것이 자신의 생각을 뛰어넘는 시대에서 어떻게 세상으로 보냄받은 사명자의 삶을 살아갈 수 있을까? 예상되는 몇 가지 변화의 물결을 짚어보자.

첫째, 4차 산업혁명 시대를 신앙적인 관점에서 보면 이전에 없던 수많은 우상들이 우후죽순처럼 자신을 드러낼 것이다. 가상현실이나 인공지능처럼 첨단의 과학기술일 수도 있고, 이번의 코로나19처럼 기존의 표준을 통째로 바꾸는 대변혁적 사회현상일 수도 있다. 그런 변화에 제대로 대응하지 못하면 가혹할 정도의 불이익을 받거나 고통이 초래된다는 데 심각성이 있다.

둘째, 첨단기술이나 변혁적 사회현상을 우상시하는 움직임이 머지않아 노골적으로 가시화될 것이다. 성경 기준과는 전혀 다른 존재나 사상을 강요하면서 그것을 따르지 않으면 사회의 비난이 집중될 것이다. 그래도 따르지 않으면 '여론'이라는 프레임 혹은 '국가의 통일성과 안정성'을 빌미로 교회와 성도를 가혹하게 억압하는 일들을 목격하게 될 것이다.

이는 마치 다니엘서에 등장하는 황금신상을 생각나게 한다. 다니엘 3장에서 느부갓네살은 높이가 27미터나 되는 황금신상을 만들고 바벨론 제국의 모든 백성에게 엎드려 절할 것을 명령했다. 누구도 예외 없이 '국가의 통일성'이라는 명분 아래 무릎을 꿇게 함으로써 제국의 힘을 온 천하에 드러내고자 했던 것이다. 이 명령에 따르지 않는 자에게는 맹렬히 타는 풀무 불에 던져 넣는 잔혹한 화형이 준비되어 있었다. 그리고 제국은 달콤하게 속삭였다. "단지 신상에게 절하기만 하라. 그러면 너희 신들에게도 자유롭게 절할 수 있다." 고차원적 유혹, 위장된 우상숭배, 정치의 이름으로 배교를 조장한 것이다.

이처럼 4차 산업혁명 시대에는 사명을 목숨보다 귀하게 여기는 마음으로 철저히 무장하고 사명으로 호흡하지 않으면 그리스도인의 정체성을 유지할 수 없게 될 것이다. 화려한 첨단기술이나 대중의 인기를 옷 입은 무신론적 '황금신상'들이 곳곳에 등장하면서 자신에게 절할 것을 요구하기 때문이다. 절하지 않는 자에게는 신앙을 버리면 살 수 있다고 위협할 것이다. 그때가 되면 성경 기준을 따르는 것 자체가 모험이 되고 무모하게 치부될지도 모른다.

수많은 황금신상의 유혹과 위협 앞에서 내가 생명처럼 붙잡아야 할 사명은 무엇이며 어떻게 그것을 실천할 것인가? 이에 관해 보냄받은 사명자로서 삶의 목적을 재정비해야 한다. 이런 부분에 소홀했다가는 그리스도인의 정체성을 갖고 사는 것이 매우 어려워질 수밖에 없다. 보냄받은 사명자로서 삶의 목적을 어떻게 가져갈지에 대해 성경은 이렇게 말씀한다. "오직 이것을 기록함은 너희로 예수께서 하나님의 아들 그리스도이심을 믿게 하려 함이요 또 너희로 믿고 그 이름을 힘입어 생명을 얻게 하려 함이라"(31절).

예수님을 그리스도로 믿게 하고 또 그분을 통해 생명을 얻게 하는 것이 복음의 목적이다. 이를 위해서는 세상이 세워놓은 황금신상에 맞서야 한다. 예를 들어, 코로나19 사태 이후에 '주일에 교회

안 갔는데도 별일 없던데'라는 생각이 강하게 들었다면 어떻게 대처해야 할까? 이런 마음의 속삭임은 어떻게 보면 사탄이 인류에게 던진 비장의 카드처럼 보인다. 우리가 '사명'으로 살지 않는다면 그리스도인으로 살아간다는 것 자체가 별 의미 없는 일이 되어버릴 것이다.

사명을 먹고 살자

사람은 빵만으로는 살 수 없다고 했다. 그러므로 밥 대신 매일 사명을 먹고 살자. 이것을 위해 말씀을 먹고, 평강을 먹고, 샤워하듯이 매일매일 회개하여 죄를 씻어내며, 이 사명을 위해 살아가자.

미국인은 한 사람이 평생 150마리의 소를 먹고 중국인은 한 사람이 평생 300마리의 돼지를 먹는다는 이야기가 있다. 고기를 안 먹는 사람은 곡물과 쌀, 두부를 또 얼마나 많이 먹겠는가? 그렇다면 우리는 사명을 얼마나 먹고 사는가? 비전을 얼마나 먹고 사는가? 날마다 육신의 양식을 먹듯이, 사명으로 살고 사명으로 호흡하자. 음식을 먹는 것만큼 영의 양식으로도 배불리자.

다시 한번 우리나라가 영적 강국으로 회복될 수 있도록 함께 달려가자. 한국교회의 선교적 영성을 다시 불일 듯 일으키고, 북한 지하교회의 순교적 영성을 배워나가자. 사명의 계보를 함께 이어갈 수 있는 플랫폼을 구체적으로 고민해보자.

예수님께서 승천하신 후 1세기에 사도 바울과 베드로, 요한을 통하여 사명자의 계보가 시작되었다. 2세기에 폴리캅이 순교하면서 바통을 이어받았고, 4~5세기에는 위대한 신학자 어거스틴과 '황금의 입'이라는 별명을 가진 교부 크리소스톰이 뒤를 이었으며, 16세기 종교개혁 때 마르틴 루터, 칼빈이 이어받았다. 18세기에는 조나단 에드워즈가 계보를 이었다. 19세기를 지나 20세기에는 빌리 그레이엄 목사, 우리나라에서는 주기철, 손양원, 김용기, 조만식 같은 지도자들을 통해 사명의 계보가 이어졌다. 이제 우리 차례다. 모든 성도가 사명자의 계보를 이어가길 소망한다.

초대교회에서는 사명으로 무장된 성도들이 핍박과 박해를 끝내 이겨냄으로 승리를 거두었다. 로마제국을 중심으로 돌아가던 세상을 통째로 바꿔버렸다. 사명으로 무장된 노예들에게 거대한 로마제국이 백기를 든 것을 기억하고 있지 않은가?

누구에게나 사명으로 무장될 수 있는 훈련 기간이 필요하다. 예수님은 제자들을 3년 넘게 훈련하셨다. 또한 부활 이후에 40일간 사명을 가다듬고 재정립할 시간을 주셨다. 40일은 복습, 준비, 재정비, 재충전, 재조명, 사명에 대한 재정렬의 시간이 되었다. 흩어졌던 제자들의 마음과 비전을 하나로 모으는 시간이었다. 예수님께서 제자들을 완전히 새롭게 재정비하도록 도우셨듯이 우리도 온전한 V자 회복을 이루어보자. 영적 비전과 센스, 사명이 초점을 잃지 않도록 재정렬하여 영적 야성을 회복하자.

교회, 이 시대의 영적 오아시스

지금 우리는 엄청난 변혁의 시기를 마주하고 있다. 이때를 '사명의 카이로스'로 삼길 바란다. 부활하신 예수님이 40일 동안 제자들을 만나시고 성령이 임하여 보잘것없는 이들을 통해 예루살렘교회를 개척하셨던 은혜를 우리도 체험할 수 있다.

모든 것은 강력한 기도가 전제되어야 한다. 새로운 도전을 새로운 기회로 삼기 위해서는 시작도 기도로, 과정도 기도로, 마무리 단계에까지 기도를 놓쳐서는 안 된다. 베드로도 "만물의 마지막이 가까웠으니 그러므로 너희는 정신을 차리고 근신하여 기도하라"(벧전 4:7)고 당부하고 있다.

앞으로는 우리가 미국과 서구 교회를 도울 사명을 감당해야 한다. 우리가 선교사를 파송하고 그들의 영적 허무를 달래주어야 한다. 복음의 빚을 배로 갚을 절호의 기회가 온 것이다. 이제는 돌이킬 수 없는 강을 건넜다. 앞으로 연결은 더욱 강화되고(초연결), 분산은 더 가속화되고(대분산), 격차는 지속적으로 확대되는(대격차) 초불확실성의 시대가 기다리고 있다. 따라서 이번에야말로 "새로운 미래를 위한 새로운 토대"(New Foundation for New Future)가 형성되어야 한다. "새로운 미래를 향한 새로운 사역"(New Ministry for New Future)이 필요하다. 은혜의 저수지, 사역의 병참기지로서 교회가 이 사역을 잘 감당하기를 바란다.

심신이 지쳐서 사막처럼 황량해진 국민들에게 앞으로는 한국교회가 영적 오아시스의 역할을 해야 한다. 교회가 한국 사회에 희망이 되겠다는 사명을 회복하자. 초연결 시대에 새로운 인재, 리더십을 키우자. 사회 각 분야별 스터디그룹도 준비하자. 이 모든 것을 부활의 소망으로 얻게 된 내면의 변화를 통하여 견디고 이겨내자. 새로운 미래를 향한 도전을 시작하자. 눈을 열어 기회를 볼 수만 있다면 영적 지경이 말할 수 없이 넓어지고 있음을 알게 된다. 서로의 다름은 녹여내고 경계는 뛰어넘게 될 것이다. 잠시 동안의 고난이 없을 수는 없겠으나 더 큰 승리를 위한 출발점, 진원지가 되기를 소망하자.

어린아이처럼 순수한 마음으로 기도할 때
사명의 전성기를 주실 줄 믿습니다.
은혜의 주류에 서게 하셔서
한 번뿐인 인생을
제대로 살게 하옵소서.

은혜를 담은 찬양

아름다운 우리 교회

· 원제 **There's a church in the valley by the wildwood**
· 작사·작곡 **William S. Pitts**

어둡고 냉랭한 이 땅 위에 밝은 등불을 비추며
참된 진리를 가르치는 아름다운 우리 교회여

저 언덕 위에 아름다운 우리 교회가 서 있네
어린 내 시절 정다웁던 사랑하는 우리 교회여

주일 아침엔 교회에서 맑은 종소리 울리네
모두 주님께 돌아오라 속삭이듯 멀리 퍼지네

오 Come Come Come Come
다 오라고 부르도다 모두 다 같이 가보세
참된 진리를 가르치는 아름다운 우리 교회여

1857년 당시 젊은 음악교사였던 윌리엄 피츠는 약혼녀와 다른 고장을 방문하기 위해 미국 아이오와주의 어느 숲 속을 지나고 있었다. 그는 계곡 옆으로 흐르는 강가 근처에서 자신의 어린 시절을 연상하게 하는 장소를 발견했는데, 그때 그의 마음속에는 아름다운 갈색 교회가 이곳에 세워지는 장면이 그려졌고, 그 영감을 토대로 이 곡을 쓰게 되었다. 그런데 그의 상상이 가사와 멜로디로 옮겨진 지 5년이 지난 1862년, 이제는 약혼녀에서 아내가 된 사람과 함께 다시 이 숲을 우연히 지나게 될 때 실로 놀라운 광경을 목격하게 된다. 그가 작곡했던 바로 그 자리에 5년 전 상상했던 교회, 심지어 색상까지 갈색인 아름다운 교회가 건축되고 있었던 것이다. 그 교회 관계자들과 교제를 시작하게 된 피츠는 그가 가르치던 학생들과 함께 이 찬양을 1864년 교회의 헌당예배 때 올려드리게 된다.

세월이 지나고 사람은 바뀌어도 하나님의 뜻은 실수가 없고 완전하시다. 하나님의 주권은 모든 상황 속에서 오차가 없고, 그분의 섭리와 인도하심은 모든 것을 합력하여 아름답게 만드신다. 특별히 코로나19 사태를 맞이한 지금 이 찬양은 교회 공동체가 얼마나 소중한 존재인지 우리에게 일깨워준다. 또한 주께서 주신 유형교회의 목적을 다시금 돌아보고, 중단되었던 현장 예배의 완전한 회복을 기대하며 감사로 주 앞에 나아가도록 이끌어준다.

Epilogue

포스트 코로나 시대를
준비하며

처음에는 이웃 나라의 일인 줄로만 알았다. 우리나라에 영향을 미치기 시작할 때도 "설마" 하며 대수롭지 않게 여겼다. 그러나 2020년 봄, 코로나 바이러스는 우리의 일상을 완전히 바꾸어놓았다. 온 세계가 지금껏 겪어보지 못한 고난에 맞닥뜨린 것이다.

한 치 앞도 예상할 수 없는 현실에서 성도들이 얼마나 악전고투를 할지 생각하면 가슴 한쪽이 아려오고 눈가가 촉촉해졌다. 주께서 맡기신 양 떼에 대한 책임의식으로 어깨가 무거워 밤잠을 설친적도 많았다. 이런 상황에서 하나님은 그리스도인과 교회 그리고 한국교회에 어떤 메시지를 주고 계신지 묵상하고 고민하며 기도했다. 그리고 성령의 감동을 따라 "함께 재건"(再建)이라는 주제로 시리즈 설교를 시작하게 되었다.

함께 재건: 말씀, 고난에 답하다

한 주, 한 주가 지나면서 하나님은 우리에게 놀라운 은혜를 부어주셨다. 교회 홈페이지에는 예배를 통해 얻은 은혜를 나누는 게시판이 있는데, 많은 성도들이 온라인 공간에서 자신의 깨달음과 변화를 간증하기 시작했다. 하나님은 주일 예배마저 온라인으로 드리게 된 상황에서도 우리에게 필요한 은혜를 주시고, 이 기회를 통해 우리 스스로를 돌아보며 하나님을 더 깊이 알아가도록 이끄신 것이다.

무엇보다 지금의 어려움에 실망하기보다는, 우리가 주님께 더욱 간절히 의지할 수밖에 없는 연약한 존재임을 깨닫고 온 성도가 마음을 모아 기도하게 되었다. 이 은혜를 한국교회와 나누고, 특히 믿지 않는 분들, 주님을 몰라 불안해하는 분들에게 참된 위로와 희망을 전하고자 강단에서 전한 설교를 다듬어 책으로 펴내게 되었다.

새 역사를 써나갈 SAT

코로나19 사태 발생 후 가장 많이 언급되는 용어가 '언택트'(Untact), 즉 '비대면', '비접촉'이다. 앞으로 사회와 문화가 언택트 시대에 맞게 재편될 것으로 보이며, 사람들 사이의 관계나 생활양식도 이전과는 확연히 달라질 것이다. 하지만 함께 모여 예배하고 사랑으로 교제하는 우리들의 입장에서 볼 때 언택트는 불편한 개념이다. 우리에게는 언택트가 아닌 '온택트'(Ontact), 곧 비대면을 극복할 힘이 필요하다.

예수님의 십자가 사건 이후 제자들은 뿔뿔이 흩어지고 공동체는 산산조각 났다. 제자들은 방향 감각을 잃고, 무엇을 의지해야 할지, 어떻게 해야 할지를 몰랐다. 그들은 사명이 와장창 깨어진 상태에 있었다. 개인의 꿈뿐만 아니라 민족의 꿈까지도 사라졌다. 오늘날 코로나19 사태와 유사하다고 할 수 있다.

그런데 주님이 부활하셨다. 부활을 경험한 제자들의 특징은 '투게더'(Together)였다. 여러 방향으로 흩어진 제자들이 마가 다락방에 모여 전심으로 기도하면서 앞으로 일어날 '새 역사'를 기대했다. 즉, 부활절 이후에 모든 제자들이 바뀌었고, '투게더'했다.

한국교회는 제자들의 모습을 본받아 '잘 모이는 교회'가 되었다. 이는 우리가 가진 최고의 장점이다. 많은 성도가 예배에 목숨 걸고 참석하며, 교회 사역에 발 벗고 나선다. 하지만 코로나19 사태로 위기를 맞았다. 전염병 확산을 막기 위해 실시하는 '사회적 거리 두기' 정책 때문에 자칫하면 그동안 잘해오던 '투게더'의 문화를 잃어버릴 수 있기 때문이다. 그래서 우리는 주님의 부활 이후 제자들이 다시 모여 새로운 시대를 위해 기도한 것처럼, '사랑 올 투게더'(SaRang All Together), 즉 'SAT'의 비전으로 코로나19 사태 이후를 대비하고자 한다.

하나님이 쓰시는 사람들에게는 두 가지 특별한 것이 있다. 하나는 시대정신이고, 다른 하나는 고난을 통과한 경험이다. 하나님은 코로나19 사태 이후를 위해 그런 사람들을 준비시키실 것이다. 우리는 앞으로 한국교회의 방향, 구체적으로는 제자훈련과 다음세대 교육, 세계 선교, 가정 사역 등이 어떤 방향으로 흘러갈 것인지 답을 찾아가야 한다. SAT는 한국교회의 방향성을 제시하고 이끌어가는 데 큰 역할을 하리라 기대한다.

우선은 SAT의 비전을 소개하고 공유하는 집회를 준비하고 있다. 사랑의교회뿐만 아니라 국내외의 기독교 기관 및 언론사와 협력할 계획이다. 다름을 녹이고, 경계를 넘어, 한국교회를 미래로 이끌기 위한 움직임의 시작이니만큼, 복음 안에서 하나 될 수 있다면 그 어떤 것에도 제한을 두지 않으려 한다. 신앙의 색깔과 이념의 차이를 용광로처럼 녹여내는 계기가 될 것이다. 마음과 마음이 오가며, 꿈을 가진 다음세대들이 영적 거장을 멘토로 만나 높은 차원으로 도약할 수 있는 시간이 되기를 간절히 바란다.

우리는 SAT의 비전을 가지고 모이기에 힘썼던 한국교회의 전통을 살려 예배가 회복되도록 노력할 것이다. 한국교회가 새로운 역사에 걸맞은 사역을 할 수 있도록 탁월한 인재를 양육하고, 그들로 교회를 섬기게 하며, 4차 산업혁명 시대에 적합한 프로그램을 만들어 진행하고, 각 분야에 필요한 인재를 적절하게 배치하는 작업을 해나갈 것이다.

또한 우리 사회에 교회를 향한 부정적 인식이 더 깊이 뿌리를 내리기 전에 본격적인 섬김을 시작해야 한다. 이 위기를 모든 이에게 예수님의 사랑을 전할 기회로 삼아야 한다. SAT를 실천함으로써 무너진 윤리와 도덕을 다시 세우며 소금의 맛을 내고, 어두운 곳에 빛을 비추는 역할을 맡을 것이다. 그리하여 사회의 수평적 책임에 집중하는 교회로 재평가 받고 다시 한번 한국교회의 순기능을 회복할 것이다. 그 결과 2020년의 코로나19 사태가 도리어 위기에서 기회로 전환하는 계기가 되었다고 훗날의 역사가들이 기록하게 되기를 간절히 소망한다. 또한 이 일을 위해서는 무엇보다 청지기적 소명 의식이 필요하다는 것을 강조하고 싶다.

21세기의 영적 집현전, SaGA

시대 변화와 영적 정체, 낯선 다음세대 등장의 3중적 변곡점에서 이 시대의 교회와 그리스도인들은 앞으로 어떻게 세상을 변화시키고 섬겨갈 것인지에 대한 도전에 직면했다. 사랑의교회는 여기에 대한 해답으로 '사랑글로벌아카데미'(SaRang Global Academy), 곧 'SaGA'를 설립하려 한다. SaGA는 연결과 공유, 참여와 개방, 협력의 영적 성장 생태계를 조성하여 시대 변화를 선도하고, 영적 정체를 돌파하며, 다음세대에 비전을 심는 혁신적 배움터다. '21세기의 영적 집현전'에 비유할 수 있다.

함께 재건: 말씀, 고난에 답하다

SaGA는 견고한 영성의 토대 위에서 지성과 감성, 야성과 글로벌 역량을 갖춘 리더를 양성하는 것을 목적으로 한다. 제자훈련과 예배, 일터선교 등의 학문적 소양을 기르는 것을 기본으로 글로벌 파트너십과 네트워킹을 통한 외연 확대 및 리더십, 문화예술과 상담 그리고 치유 등의 융합형 학습을 제공한다. 무엇보다 기존의 신학교나 일반 대학의 교육 체계와 달리 새로운 시각으로 교육을 진행할 것이다. 러닝플랫폼 기반의 연결과 공유, 참여의 역동적(Dynamic)인 자기주도학습을 중심으로, 소그룹 중심의 토론과 실습이 연계된 현장 중심(Practical) 학습이 이루어진다. 또한 졸업생들과의 긴밀한 연결과 협력 관계를 구축하여 학풍과 인맥을 이어갈 수 있도록 우수한 졸업생이 교수진으로 참여할 기회를 주며(Sustainable), 다양한 네트워크를 통해 다음세대 양성 프로그램을 활성화하는 글로벌(Global) 협력 네트워크 센터를 구축해갈 것이다.

SaGA의 정규 과정은 역동적인 예배를 구상하고 실행할 예배 디렉터를 양성하는 '예배대학원'과 실천적인 제자훈련 전문 목회자를 양성하는 '제자훈련대학원', 신학적 토대가 탄탄한 일터선교 리더를 양성하는 '일터선교대학원'으로 구성되어 있다. 1년 3학기 과정을 통해 지식과 기량을 습득하여 영역별 전문가로 성장할 수 있다. 또한 교육 기간 중, 교수의 코칭과 멘토링을 통해 현장 사역에서 실질적인 도움을 받을 수 있는 기회를 제공하고자 한다. 졸업 이후에도 지속적인 콘텐츠 제공과 정기적인 네트워킹을 통해 현장의 이야기를 나눌 수 있는 커뮤니티 그룹을 지속적으로 유지할 계획이다. 3개의 정규 과정 외에도 문화예술과 치유 및 시대적인 트렌드를 반영한 세미나와 컨퍼런스 등의 다양한 교육 프로그램들을 운영할 것이다.

교수진 역시 학식뿐만 아니라 다양한 현장 경험을 가진 분들로 초빙할 계획이다. 이론적 깊이와 독자적 연구 경험을 가진 다음세대 양성 경험자들과, 실천적이며 실용적인 교수법 활용이 가능한 현장 경험자 그리고 각 분야의 주요 인물들을 국내외에서 초빙함으로써 학문의 깊이를 더할 것이다.

SaGA는 학생들의 교육 외에도 후원 기도 모임, 물질적 스폰서 그룹인 'Friends of SaGA'와 운영을 돕는 운영 봉사팀 등 후원 커뮤니티를 결성할 계획이다. 그리하여 SaGA가 학문과 실용을 연계한 차별화 교육이 이루어지는 21세기 영적 집현전으로서의 역할을 잘 감당할 수 있도록 도울 것이다. 이를 통해 SaGA는 온 세대를 아우르고 세계적인 수준으로 발돋움함으로써 향후 100년의 기독교 교육을 책임지는 전문 기관으로 세워져갈 것을 확신한다.

SAT와 SaGA는 한국교회, 나아가 전 세계를 향한 우리의 응답이자 헌신이다. 외형적으로도 작은 프로젝트가 아니기 때문에 치밀한 연구와 준비가 필요하겠지만, 정말 중요한 부분은 따로 있다. 바로 우리가 그리스도의 야성, 기도의 횃불을 회복해야 한다는 것이다. SAT도 SaGA도 기도 없이는 시작할 수 없으며 시작해도 곧

란하다. 앞으로 예수님을 믿는 복음의 일꾼들은 이 세상과 영적 충돌을 더 자주, 심각하게 경험하게 될 것이다. 코로나19 사태 이후, 즉 '포스트 코로나 시대'(The Post-Corona Era)는 이전과 전혀 다른 양상의 대응 방안을 우리에게 요구할 것이기 때문이다.

함께 기도하고, 사람을 모으고, 재정을 쌓아가야 한다. 순수한 마음으로 열정을 불사른다면 하나님께서 열어가시리라 확신한다. 잠시 후의 앞일도 내다보지 못하는 우리들이기에 인간적 열정만 가지고는 성공을 장담할 수 없다. 그러나 우리가 뜨겁게 기도하고 열과 성을 다하여 전력을 기울인다면 뜻밖의 방법과 역사하심으로 하나님께서 손수 이 일들을 이루어가실 것이다. 하나하나 처음부터 만들어가실 분은 오직 하나님 한 분뿐임을 고백한다. 사랑의교회가 그리고 한국교회가 포스트 코로나 시대에 하나님의 선한 도구로 쓰임받을 것을 확신한다.

국제제자훈련원은 건강한 교회를 꿈꾸는 목회의 동반자로서 제자 삼는 사역을 중심으로
성경적 목회 모델을 제시함으로 세계 교회를 섬기는 전문 사역 기관입니다.

함께 재건: 말씀, 고난에 답하다

초판 1쇄 발행 2020년 5월 9일
초판 6쇄 발행 2020년 5월 14일

지은이 오정현

펴낸이 오정현
펴낸곳 국제제자훈련원
등록번호 제2013-000170호(2013년 9월 25일)
주소 서울시 서초구 효령로68길 98(서초동)
전화 02)3489-4300 **팩스** 02)3489-4329
이메일 dmipress@sarang.org

ISBN 978-89-5731-812-6 03230

※ 책값은 뒤표지에 있습니다. 잘못된 책은 구입하신 곳에서 교환해드립니다.